UNIVERSITÉ DE DIJON — FACULTÉ DE DROIT

ESSAI D'INTERPRÉTATION

DES

ARTICLES 826, 827 ET 832

DU CODE CIVIL

De la question de leur application aux partages d'ascendants

THÈSE POUR LE DOCTORAT

(Sciences juridiques)

SOUTENUE DEVANT LA FACULTÉ DE DROIT DE L'UNIVERSITÉ DE DIJON

Le Mercredi 27 Juin 1900, à une heure et demie

PAR

Ulric CAILLET

SOUS LA PRÉSIDENCE DE M. LOUIS-LUCAS, PROFESSEUR

SUFFRAGANTS { M. BAILLY, DOYEN
M. GAUDEMET, PROFESSEUR

DIJON
LIBRAIRIE L. VENOT
1, place d'Armes, 1

1900

ESSAI D'INTERPRÉTATION

DES

ARTICLES 826, 827 ET 832 DU CODE CIVIL

DE LA QUESTION DE LEUR APPLICATION

AUX PARTAGES D'ASCENDANTS

UNIVERSITÉ DE DIJON — FACULTÉ DE DROIT

ESSAI D'INTERPRÉTATION

DES

ARTICLES 826, 827 ET 832

DU CODE CIVIL

De la question de leur application aux partages d'ascendants

THÈSE POUR LE DOCTORAT

(Sciences juridiques)

SOUTENUE DEVANT LA FACULTÉ DE DROIT DE L'UNIVERSITÉ DE DIJON

Le Mercredi 27 Juin 1900, à une heure et demie

PAR

Ulric CAILLET

SOUS LA PRÉSIDENCE DE M. LOUIS-LUCAS, PROFESSEUR

SUFFRAGANTS { M. BAILLY, DOYEN
{ M. GAUDEMET, PROFESSEUR

DIJON
LIBRAIRIE L. VENOT
1, place d'Armes, 1

1900

ESSAI D'INTERPRÉTATION

DES

ARTICLES 826, 827 ET 832 DU CODE CIVIL

DE LA QUESTION DE LEUR APPLICATION

AUX PARTAGES D'ASCENDANTS

INTRODUCTION

1. — L'article 815 du Code civil dispose : « Nul ne peut être contraint à demeurer dans l'indivision, et le partage peut toujours être provoqué, nonobstant prohibitions et conventions contraires. — On peut cependant convenir de suspendre le partage pendant un temps limité : cette convention ne peut être obligatoire au delà de cinq ans; mais elle peut être renouvelée. »

Notre loi consacre ainsi d'une manière générale pour tout communiste et spécialement pour tout cohéritier le droit absolu de sortir d'indivision au moyen du partage. Tout individu ayant sur une chose des droits communs avec d'autres peut imposer le partage à ces derniers, dans le but de transformer ses droits indivis en droits divis. La loi érige cette règle à la hauteur d'un principe d'ordre public auquel il ne peut être dérogé par les conventions des particuliers, sauf l'exception prévue par l'alinéa final de l'article.

Après avoir posé ce principe, le législateur laisse d'ailleurs aux parties toute liberté d'opérer le partage entre elles comme bon leur semble, en vertu de cet autre principe expressément formulé par la loi que « les conventions légalement formées tiennent lieu de loi à ceux qui les ont faites » (art. 1134 C. civ.) : c'est la règle qui doit être notamment appliquée aux partages de succession. D'ailleurs, c'est à l'occasion de ces derniers que le Code pose le principe que nul n'est contraint à demeurer dans l'indivision, et c'est d'eux que nous nous occuperons uniquement dans cette étude.

« Si tous les héritiers sont présents et majeurs, dit l'article 819 C. civ., le partage peut être fait dans la forme et par tel acte que les parties intéressées jugent convenables. » Si tous les héritiers sont présents, majeurs, et, nous ajouterons, maîtres de leurs droits, et pleinement d'accord, la loi ne leur impose aucune forme de partage; elle estime avec raison que la satisfaction de leurs intérêts réciproques, que les particuliers cherchent à obtenir dans leurs conventions, saura leur suggérer les combinaisons les meilleures et les plus propres à sortir avantageusement de l'état d'indivision.

2. — La loi devait cependant prévoir des situations dignes d'attirer particulièrement son attention. C'est ce qu'elle n'a pas manqué de faire en traçant des règles spéciales : 1° pour le cas où, parmi les cohéritiers, il y a des non-présents, des mineurs, des interdits (art. 838 C. civ.); 2° pour le cas où les héritiers présents, majeurs et maîtres de leurs droits ne peu-

vent se mettre d'accord pour opérer un partage amiable (art. 823 C. civ.).

Dans ces deux cas, le partage doit se faire en justice, suivant des formes déterminées.

D'une façon générale, l'intervention de la justice se justifie aisément dans l'une et l'autre situation : quand il s'agit d'incapables venant à une succession, par la sollicitude très légitime du législateur pour cette classe de personnes, qui lui fait établir un régime spécial de protection, chaque fois que leurs intérêts sont en jeu; quand il s'agit d'héritiers présents, majeurs et capables, mais en désaccord, par la nécessité de recourir à l'impartialité du juge, faute de pouvoir s'entendre.

Les articles 819 à 842 du Code civil ont trait aux formes de ce partage judiciaire (1). Ils traitent successivement des formalités préliminaires du partage, apposition des scellés, inventaire (art. 819 à 821), du tribunal compétent pour statuer sur l'action en partage (art. 822 et 823), de l'estimation des biens à partager (art. 824 et 825), de la vente des biens héréditaires (art. 826, 827, 839), de la liquidation et de la formation de la masse partageable (art. 828 à 830, 837), de la composition et du tirage au sort des lots (art. 831 à 836).

3. — Nous allons détacher de cet ensemble trois articles qui, par l'importance des dispositions qu'ils renferment et la portée des principes qu'ils mettent en jeu, méritent, à notre avis, de fixer spécialement l'attention de l'interprète.

Les articles 826, 827 et 832 contiennent des règles

(1) *Adde* art. 945 à 985 C. Procéd. civ.

dont les unes ont trait à la vente des biens meubles et immeubles et les autres à la composition des lots, mais elles concourent toutes par leur combinaison à réaliser ce qu'on appelle communément le partage en nature.

Nous voudrions, dans les pages qui suivent, non pas tant faire une étude détaillée et approfondie du partage en nature même, que d'essayer de fixer le sens précis et la portée exacte des articles précités.

Nous nous conformerons, d'ailleurs, à la méthode du Code civil, en présentant ce commentaire à l'occasion du partage de succession, et de même qu'il a renvoyé à ce chapitre dans ses articles 1476 (1) et 1872 (2), les explications que nous fournirons touchant l'interprétation de nos articles s'appliqueront, *mutatis mutandis*, au partage de communauté et au partage de société.

Nous les étudierons d'abord en tant qu'ils s'appliquent aux partages judiciaires, puis nous aurons à nous demander s'ils sont applicables aux partages d'ascendants, ce qui nous fournira l'occcasion d'une revue de la jurisprudence en cette matière; enfin, nous examinerons les monuments législatifs qui ont commencé à battre en brèche nos articles, et nous discuterons l'opportunité de réformes plus amples et plus radicales qui ont été proposées soit au sein du Parlement, soit dans la doctrine.

Ces questions fourniront ainsi matière à trois chapitres :

---

(1) Aubry et Rau, t. V, § 519, p. 431; — Laurent, t. XXIII, n° 12; — Guillouard, *Contrat de mariage*, t. III, n°s 1332-1333; — Baudry-Lacantinerie, Le Courtois et Surville, *Contrat de mariage*, t. II, n° 1140.

(2) Lyon-Caen et Renault, *Tr. de Dr. commercial*, t. II, n° 423.

CHAPITRE PREMIER

Détermination du sens des articles 826, 827 et 832 du Code civil.

4. — Une première lecture des articles 826, 827 et 832 indique que la loi range les biens composant une succession en deux grandes catégories : les meubles et les immeubles. C'est en effet dans notre droit, comme l'on sait, une division générale englobant tout ce qui constitue le patrimoine (art. 516 C. civ.).

Quel est le fondement de cette distinction et quels sont les intérêts pratiques que notre loi y attache? Telle est la première idée qu'il nous faut dégager succinctement, mais nettement, pour jeter une première lueur sur l'interprétation de nos articles.

5. — Dans l'ancien droit, le système féodal, qui était fondamentalement une hiérarchie des personnes basée sur une hiérarchie des terres, avait laissé une empreinte profonde en notre matière, et l'importance considérable des biens immeubles, en regard des biens meubles, s'était traduite dans le vieil adage : « *Mobilium vilis possessio.* »

La Révolution modifia radicalement cet état de choses. Le régime féodal était aboli en bloc par la loi du 4 août 1789; et le décret du 17 nivôse an II, relatif aux donations et successions, supprimait expressément les distinctions tirées de la nature et de l'origine des biens, dans son article 62, qui portait : « Le décret ne reconnaît aucune différence dans la nature des biens ou dans leur origine pour en régler la transmission. C'est cette disposition qui a été reproduite presque textuellement par l'article 732 du Code civil : La loi ne considère ni la nature ni l'origine des biens pour en régler la succession. »

Si, laissant de côté la question de l'origine des biens dont nous n'avons pas à nous occuper ici, nous lisons maintenant l'article 826 écrit au chapitre du partage de succession, il est aisé de saisir la filiation qui le rattache à l'article 732. « Chacun des cohéritiers, y est-il dit, peut demander sa part en nature des meubles et immeubles de la succession. » Quelle que soit donc la nature des biens, qu'ils soient meubles ou immeubles, la loi n'attache pas plus d'importance à une catégorie qu'à l'autre : elle les met toutes les deux sur un pied d'égalité. Telle est la première impression que donnent à l'interprète les termes de l'article 826, 1er alinéa, dans lequel nous voyons la loi prendre soin qu'à la suite du partage, meubles et immeubles échéent également aux héritiers.

La suite de l'article nous apprend que « s'il y a des créanciers saisissants ou opposants, ou si la majorité des cohéritiers juge la vente nécessaire pour l'acquit des dettes et charges de la succession, les meubles sont vendus publiquement en la forme ordinaire. » La loi ne prescrit que la vente des meubles et ne parle pas des immeubles. Le parallélisme établi entre meubles et immeubles, dans la première partie de l'article, ne subsiste donc plus ici, et il semble bien que la loi attache plus d'importance à la conservation des immeubles dans le patrimoine qu'à celle des meubles, puisque, au lieu de prescrire pour le paiement des dettes de la succession indifféremment la vente des meubles et celle des immeubles. elle n'ordonne que celle des meubles. Il nous faut donc aller plus avant, uniquement dans le but de nous éclairer sur le sens des articles 826, 827 et 832, dans la recherche rapide du fondement de la division des biens en meubles et immeubles, et de la place qu'elle occupe dans notre loi.

6. — Au point de vue rationnel, la division des biens en meubles et immeubles est fondée sur une différence existant réellement dans la nature des choses (1). Les immeubles représentent dans le patrimoine l'élément de stabilité par excellence, résultant de la fixité et de l'immutabilité de leur assiette.

Les meubles, et par là nous entendons les meubles corporels aussi bien que les meubles incorporels, sont, au contraire, l'élément instable de la fortune, sujet au dépérissement, à la perte, à la détérioration, au changement, mais susceptible aussi, par sa facilité à passer de main en main, d'opérations commerciales rapides et fréquentes.

C'est à raison de cette différence essentielle entre les meubles et les immeubles, que la loi leur a appliqué maintes fois, dans les mêmes conditions, un régime différent.

Ainsi, il résulte de l'article 3 du Code civil que la propriété des meubles est régie par la loi nationale du propriétaire, tandis que celle des immeubles est soumise à la loi du pays où est situé le bien.

C'est dans le même ordre d'idées que l'article 59 du Code de procédure civile dit qu' « en matière person-

(1) Voy. H. Capitant, *Introduct. à l'étude du droit civil*, p. 170 ; Cauwès, *Cours d'économie polit.*, t. III, n° 1014.

nelle, le défendeur sera assigné devant le Tribunal de son domicile; en matière réelle, devant le Tribunal de la situation de l'objet litigieux. »

On sait que, d'après l'interprétation unanime des auteurs, ce n'est pas seulement en matière personnelle, mais aussi en matière mobilière, même réelle, que le défendeur est assigné devant le Tribunal de son domicile, car le meuble n'a pas de situation. C'est donc seulement en matière réelle immobilière que le défendeur est assigné devant le Tribunal de la situation du bien.

C'est encore par suite de cette différence naturelle entre les immeubles et les meubles que les premiers peuvent être hypothéqués, tandis que notre loi n'admet pas que les seconds puissent l'être.

Le législateur a pensé avec raison qu'un objet dont la nature est l'aptitude même au mouvement, pouvant par conséquent disparaître presque instantanément au gré du débiteur et tromper toutes précautions de publicité, se prêtait fort mal à l'organisation hypothécaire du crédit.

Cependant les privilèges peuvent exister sur les meubles comme sur les immeubles. Mais, ici encore, la même cause engendre des différences importantes entre les privilèges immobiliers et les privilèges mobiliers. Tandis que les premiers comportent à la fois le droit de suite et le droit de préférence, les seconds ne donnent en principe (1) au créancier que le droit de préférence.

Les privilèges sur les immeubles sont rendus publics par inscription. Le déplacement fréquent des

(1) Voy. des exceptions au principe dans l'article 2102, § 1, *in fine*, et § 4, C. civ.

meubles, leur absence d'assiette fixe rendraient à leur égard tout système de publicité inefficace. Nous voyons la prescription s'opérer fort différemment, suivant qu'il s'agit d'immeubles ou de meubles. Une possession d'une certaine durée et s'exerçant dans de certaines conditions est exigée pour que la prescription des immeubles ait lieu (art. 2229 Code civ.). En fait de meubles, la possession vaut titre, dit l'article 2279, c'est-à-dire que la remise de la possession d'une chose mobilière vaut, à l'égard de tout le monde, mutation de propriété; la prescription est instantanée, sauf si la chose n'est sortie du patrimoine de son propriétaire qu'à la suite d'un acte délictueux, un vol, ou d'un fait accidentel, la perte. Bien qu'il soit choquant qu'on puisse perdre, malgré soi, la propriété de sa chose, la nature mobilière de l'objet a dû faire admettre cette règle pour éviter d'entraver les transactions et ne pas jeter la gène sur les marchés.

L'article 69 de la loi du 22 frimaire an VII frappe les aliénations de biens mobiliers de droits moins élevés que les aliénations de biens immobiliers.

Ainsi, pour les donations entre vifs faites à des parents en ligne directe, le droit proportionnel à payer est de 1,25 %, si elles portent sur des meubles (§ 4), de 2,50 %, si elles transfèrent la propriété ou l'usufruit de biens immeubles (§ 6). On pouvait comprendre que la loi, calculant le droit à payer sur la valeur du bien transmis, ne se préoccupât pas de sa nature, et frappât d'un même droit un bien de même valeur, que ce fût un meuble ou un immeuble.

La loi n'a pas adopté ce système. On a donné de cette différence de traitement deux raisons qui se rattachent encore étroitement à la différence de nature existant entre les biens immobiliers et les biens mobiliers.

D'abord, les mutations de meubles sont plus fréquentes que les mutations d'immeubles : le législateur, partant de cette observation, et estimant que les meubles changent à peu près deux fois de propriétaires pendant que les immeubles ne sont aliénés qu'une seule fois, permet au Trésor de toucher en deux fois, à l'occasion de deux transmissions de meubles, la même somme qu'il perçoit à l'occasion d'une seule transmission d'immeubles. Ensuite, la clandestinité et la rapidité d'aliénation des meubles favorisent les fraudes, permettent d'échapper aisément au fisc qui ne pouvait manquer, dans l'établissement des droits, de tenir compte de ce risque de perte pour lui; et, en effet, il est habile de diminuer ces chances de fraude facilitées par la nature du bien transmis, en réduisant le droit, et par là même l'espoir d'un gain trop élevé.

7. — Mais, en d'autres matières, le Code a établi une différence de régime entre les meubles et les immeubles qui, semble-t-il, ne tient pas tant à la nature des objets qu'à l'idée d'importance plus grande de l'immeuble que du meuble, familière à l'ancien droit et dont le législateur de 1804 ne pouvait s'affranchir entièrement.

Ainsi, sous le régime de communauté légale, tout le mobilier tombe dans l'actif de la communauté, tandis que les époux conservent la propriété de tous les immeubles qu'ils possédaient antérieurement à la célébration du mariage, et de ceux qui leur échoient pendant son cours, à titre de succession ou donation.

Deviennent communs, seuls, les immeubles acquis pendant le mariage (art. 1401 à 1408 Code civ.).

La raison de ces règles, ce n'est pas seulement que les immeubles patrimoniaux, qui se transmettent de génération en génération, ont pour la famille une valeur spéciale d'affection que la loi ne doit pas contrarier en favorisant leur passage, à l'occasion des mariages, d'une famille à l'autre.

Car si la généralité des meubles est soumise à la détérioration et au dépérissement, il existe cependant, dans chaque famille, maints objets dont, à ses yeux, l'ancienneté fait précisément le prix, et qui, se confondant avec des souvenirs ou charmants ou glorieux, répugnent, comme des êtres vivants, à quitter à la fois le toit qui les a longtemps abrités et la famille qui les a religieusement conservés. Et cependant la faveur de la loi ne les concerne pas.

Il faut reconnaître que le législateur, empêché de rompre trop radicalement avec le passé par la situation économique de l'époque où il vivait, a subi, dans une certaine mesure, l'influence de cette idée, à savoir qu'il importait de protéger les biens-fonds contre une circulation trop aisée et d'en garantir aux familles la conservation.

C'est au même ordre d'idées que peut se rattacher la disposition de l'article 1422 qui défend au mari de disposer entre vifs, à titre gratuit, des immeubles de la communauté, et aussi, d'ailleurs, de l'universalité ou d'une quotité du mobilier, si ce n'est pour l'établissement des enfants communs, mais qui lui permet de disposer des effets mobiliers à titre gratuit et particulier, pourvu qu'il ne s'en réserve pas l'usufruit. Les conséquences de cette règle sont assez choquantes, car, comme on l'a répété bien des fois, le mari ne peut donner un are de terrain, ni un centième de son mobilier (puisque c'est une quotité), mais il peut donner cent mille francs de rentes sur l'État.

Nous voyons encore les articles 1449 et 1538 accorder à la femme séparée de biens la disposition de son mobilier et lui défendre d'aliéner ses immeubles sans le consentement du mari ou, à son refus, l'autorisation de justice.

8. — Il résulte de cette rapide revue de quelques textes (1) que la division légale des biens en meubles et en immeubles repose d'abord sur une base naturelle, consistant essentiellement en ce fait que les immeubles sont en relation constante par un lien durable avec un lieu déterminé, caractère qui fait défaut aux meubles, et, d'autre part, sur une base plus ou moins artificielle se résumant en une tendance à accorder plus d'importance, et partant, plus de protection aux biens fonciers qu'aux objets mobiliers.

Les articles du partage, dont nous avons à rechercher l'interprétation, s'inspirent-ils de ces deux idées ou de l'une d'elles ?

En accordant à chaque cohéritier la faculté de demander sa part en nature des meubles et immeubles de la succession (art. 826), et en recommandant de faire entrer dans chaque lot, s'il se peut, la même quantité de meubles, d'immeubles, de droits ou de créances de même nature et valeur, tout en évitant, autant que possible, de morceler les héritages, la loi n'a-t-elle pas entendu, au contraire, supprimer toute

---

(1) Voy. au surplus Jacques, *Hist. de la distinction des biens en meubles et immeubles*, thèse, 1884.

différence de traitement entre les meubles et les immeubles ? Ou bien le système du Code est-il un système de transaction qui, sans rompre entièrement avec l'ancien droit où les immeubles jouissaient dans les patrimoines d'une prépondérance incontestable, adapte une vieille idée à des idées nouvelles, dans un esprit nouveau ?

9. — Pour résoudre cette question, il est nécessaire, auparavant, d'établir qu'une autre idée dominante se trouve à la base de nos articles : c'est l'idée d'égalité qui doit régner entre les copartageants.

Ce point ne fait pas de doute, et il nous suffira de reproduire un passage du rapport de Chabot, communiqué en l'assemblée générale du Tribunat le 26 germinal an XI, pour montrer la pensée bien claire des auteurs du Code en cette matière : « Le partage a pour objet de faire cesser l'indivision et d'attribuer à chaque cohéritier la portion à laquelle il a droit sur la masse commune. Il n'est question, dans un partage, que de distribuer à chacun la juste valeur de ce qui lui appartient et de ce qu'il possédait auparavant par indivis. Ce n'est pas une affaire de négoce ni de commerce; il n'y a, de part ni d'autre, ni vente ni échange. Tout consiste à régler divisément la portion dont chacun était déjà propriétaire dans la masse indivise.

« Il faut donc que l'égalité règne dans les partages (1). »

C'est la notion même et la définition du partage que ces paroles de Chabot expriment en termes très

(1) Travaux préparatoires, Locré, t. X, p. 266 ; — Fenet, t. XII, p. 210.

justes : les droits de différents copropriétaires sur une masse commune doivent rester identiquement les mêmes après comme durant l'indivision. Ils ne doivent subir aucune autre modification que celle qui est le résultat cherché, logique et mathématique du partage, à savoir le passage de l'état d'indivision à l'état de division : une modification aux droits d'un copropriétaire autre que celle-là et quelle qu'elle soit, est une atteinte aux principes d'égalité, parce qu'elle doit nécessairement avoir sa répercussion sur les droits des autres copropriétaires, et se résoudre en un avantage au profit des uns, en un préjudice pour les autres : telle est l'égalité rigoureuse qui fait partie de la notion même de partage, et qui a elle-même pour fondement le respect absolu du droit de propriété de chaque communiste.

10. — Voilà donc le principe posé. Quelles conséquences en résultent, et quelles applications la loi entend-elle en faire ? Chabot continue ainsi dans son rapport : « Il faut donc que l'égalité règne dans les partages ; elle y est rigoureusement nécessaire, et toutes les conséquences qui en résultent doivent être maintenues avec soin. Ainsi, chacun des cohéritiers ayant également son droit sur chaque espèce de biens de la succession, chacun d'eux peut demander sa part en nature des meubles et des immeubles, et si cette distribution ne peut avoir lieu sans morceler les héritages et sans diviser les exploitations, ce qu'il faut toujours éviter, on doit au moins faire entrer, s'il se peut, dans chaque lot, la même quantité de meubles, d'immeubles, de droits ou de créances de même nature et valeur. »

Voilà donc une de ces conséquences qu'il importe

de maintenir avec soin, et qui ressort de ce passage qui n'est guère qu'une paraphrase des articles 826 et 832 : chaque cohéritier a la faculté de demander sa part en nature de chaque catégorie de biens.

Si nous supposons deux cohéritiers ayant droit chacun à la moitié d'une succession qui comprend à la fois des immeubles et des meubles, l'égalité exige d'abord qu'ils obtiennent chacun, en définitive, une valeur totale de moitié. Mais l'égalité exige plus que cela, et elle n'est pas satisfaite si l'héritier *primus* a dans son lot tous les immeubles d'une valeur précisément égale à la moitié de la succession, et si *secundus* reçoit dans le sien les meubles valant aussi moitié. Chacun a le droit rigoureux de demander que les lots soient composés respectivement de moitié d'immeubles et de moitié de meubles. Pourquoi ? Parce que, avant le partage, le droit de propriété indivis de chacun porte sur chaque molécule de tous les biens. Logiquement, après le partage, le droit divis de chaque copartageant doit avoir pour objet la moitié de chaque molécule : le partage n'est ainsi pour personne une cause de profit ou de perte : l'égalité absolue est respectée, car, pour reprendre l'expression du Code, les lots sont bien composés de la même quantité de meubles et d'immeubles (art. 832).

11. — Mais on aperçoit immédiatement combien cette façon rigoureuse de procéder est en fait impraticable.

Pour obtenir un partage absolument égal, il faudrait la rencontre des deux éléments nature et valeur, de sorte que l'on vît, dans chacun des lots, une même quantité de meubles de même nature et valeur, une superficie égale de prés de même valeur, de terres labourables de même valeur, etc. L'expression « s'il se peut » de l'article 832 nous avertit que la loi n'a pas voulu consacrer ce résultat impossible. D'autant plus qu'un intérêt de premier ordre, celui de l'agriculture, l'intérêt commun des copartageants de ne pas devenir propriétaires de parcelles infinitésimales, s'y opposent évidemment.

C'est cette restriction capitale au principe d'égalité absolue que vise le passage du rapport de Chabot que nous avons déjà cité : «... et si cette distribution ne peut avoir lieu sans morceler les héritages et sans diviser les exploitations, *ce qu'il faut toujours éviter*, on doit au moins faire entrer, s'il se peut, etc... », et qu'exprime en termes précis l'article 832, 1er alinéa : « Dans la formation et composition des lots, on doit éviter, autant que possible, de morceler les héritages et de diviser les exploitations. »

Il importe, croyons-nous, pour bien comprendre la valeur de cette prescription en regard de celle contenue dans le second alinéa de l'article, ainsi conçu : « et il convient de faire entrer dans chaque lot, s'il se peut, la même quantité de meubles, d'immeubles, de droits ou de créances de même nature et valeur », il importe de les comparer entre elles dans les termes mêmes dont le législateur s'est servi pour les formuler.

12. — Les auteurs (1) disent généralement, et c'est aussi l'interprétation de la jurisprudence, que les

---

(1) Demolombe, t. XV, n° 672, p. 657 ; — Aubry et Rau, t. VI, § 624, p. 555 ; — Laurent, t. X, n° 332 ; — Colmet de Santerre, t. III, n° 164 *bis*, II, p. 269 ; — Baudry-Lacantinerie et Wahl, *Des successions*, t. II, n° 3261, p. 580.

règles posées dans l'article 832 n'ont rien d'absolu, et ils en donnent notamment pour preuve les deux expressions dont s'est servie la loi : « autant que possible », dit la première règle ; « s'il se peut », dit la seconde.

On considère l'une et l'autre comme des adoucissements venant tempérer la rigueur des règles et en restreindre la généralité. Toutes les deux, ayant le même sens, auraient pour but de donner au juge, en cette matière, une certaine latitude et de lui permettre de combiner les deux règles, d'après les circonstances de la cause et au mieux des intérêts de tous les copartageants. Et nous ne nierons pas que le législateur se soit déchargé en grande partie sur le juge du soin de concilier les divers intérêts qui paraissent être en jeu dans les règles de l'article 832. Mais la prudence des tribunaux ne peut cependant, sous peine de se confondre insensiblement avec l'arbitraire, se contenter de cette formule vague et commode. Les tribunaux doivent, au contraire, à raison même de la confiance qui leur est accordée, rechercher avec soin entre quelles limites il leur est permis de se mouvoir, et prendre bien garde de ne pas perdre de vue le point de départ obligatoire de toutes leurs décisions : le texte de la loi et l'esprit de la loi.

13. — En ce qui concerne d'abord le texte, les deux parties de l'article 832, de même qu'elles sont écrites séparément, demandent à être interprétées comme deux règles bien distinctes l'une de l'autre. La concision du Code est extrême et nous contraint à fixer de très près notre attention sur des termes dont chacun a son importance, sa signification précise, sa place marquée à l'endroit exact.

Il est impossible de n'être pas frappé du contraste remarquable, au point de vue de la rédaction, que les deux phrases de l'article 832 forment entre elles. Les termes sont choisis à dessein, s'opposant dans une double série parallèle avec une symétrie parfaite. « On *doit* éviter... », dit l'article 832, 1er alinéa, c'est une obligation imposée par la loi. « Il *convient* de... », dispose l'article 832, 2e alinéa, il est en conformité avec le droit de chaque cohéritier de demander sa part en nature; c'est une conséquence logique du principe d'égalité qui se trouve à la base du partage, de, etc...

C'est une conséquence qui s'appliquerait nécessairement, si elle n'était écartée par la prescription contraire et impérative de l'article 832, 1er alinéa.

L'énergie de cette dernière est encore fortifiée par l'addition de trois mots : « On doit éviter, *autant que possible*... » Le premier devoir du juge, celui sur lequel la loi appelle d'abord, et en termes formels, son attention, c'est d'éviter le morcellement des héritages et la division des exploitations. Il se sera d'autant mieux conformé à l'esprit de la loi, qu'il se sera davantage attaché à atteindre ce résultat, qu'il aura fait son possible, pour reprendre le mot de la loi, très compréhensif dans sa concision, pour prévenir la désagrégation de l'héritage. Que si on se reporte de nouveau à la seconde partie de l'article, on verra que l'expression correspondante à celle que nous venons de paraphraser dans la première partie, les trois mots « s'il se peut » forment, comme une sorte de formule de concession, une opposition évidente avec l'expression énergique « autant que possible ». Dans le premier membre de phrase de l'article 832, les mots « autant que possible », accolés au « on doit éviter » renforcent la prescription de la loi et la rendent singulièrement impérative. Dans le second, les mots « s'il se peut » atténuent celle qui est renfermée dans le « il convient. »

En somme, le juge se trouve, quand il a à faire application de l'article 832, en présence de deux prescriptions dont la seconde est subordonnée en importance à la première. Il doit, en premier lieu et avant tout, s'attacher à donner, dans la mesure du possible, satisfaction à la première. Quant à la seconde, il lui obéira assez, quand il s'y sera conformé dans la mesure où l'observation de la première le lui permettra.

14. — Telle est la doctrine qu'une interprétation littérale seule pourrait conduire à faire admettre, et que nous inclinerions à trouver dans les motifs d'un arrêt de la Cour de Lyon dont la décision a été confirmée par la Cour de cassation, sans d'ailleurs que cette dernière s'en soit approprié les motifs : « Considérant, dit la Cour de Lyon, que l'article 832, en disant qu'il convient de faire entrer dans chacun des lots, s'il se peut, la même quantité de meubles et d'immeubles, ne fixe pas une règle absolue ou substantielle; que son idée est de faire respecter non l'égalité aussi entière que possible entre des enfants, mais en tant que ce principe d'égalité n'entraînerait pas des conséquences fâcheuses, soit au point de vue de la division des héritages, soit au point de vue des convenances mutuelles » (1).

A notre avis, la Cour a tort de dire que l'art. 832, 2e alinéa, ne fixe pas une règle substantielle; car le

(1) Lyon, 13 mai 1882, sous Cass. req., 16 juillet 1883, Dall., 84, 1, 390.

principe dont elle est une conséquence directe, l'égalité, c'est bien, si nous pouvons nous exprimer ainsi, la substance même de la convention de partage. Mais elle a raison de dire qu'elle n'est pas absolue, car sa substance même en fait une règle idéale, impraticable, qui ne peut, dans le domaine de la pratique, recevoir qu'une application relative, et qui, en réalité, la subordonne à la règle de l'article 832, 1er alinéa.

Un arrêt de la Cour de Grenoble du 27 novembre 1851 (1) s'exprime en termes un peu moins absolus et peut-être plus exacts, réserve étant faite du qualificatif « substantielle » qu'il se refuse à accorder à notre règle, méritant ainsi la même critique que ci-dessus. « Attendu que, d'après l'article 832, on doit, dans la formation des lots, éviter, autant que possible, de morceler les héritages et de diviser les exploitations; qu'à la vérité, selon le même article, il convient de faire entrer dans chaque lot, s'il se peut, la même quantité de meubles, d'immeubles, de droits ou de créances de même nature et valeur; mais que ces expressions « il convient » et « s'il se peut », montrent que cette dernière règle n'est ni absolue, ni substantielle, et qu'il faut la coordonner avec la première partie de l'article, qui a pour but de prévenir la division des exploitations, et avec l'article 827 qui prescrit la licitation des immeubles dans le cas où ils ne peuvent pas se partager commodément;..... qu'il ne faut donc voir dans cette règle (celle touchant la distribution égale des diverses natures de biens) qu'un droit subordonné, d'abord à la volonté de ceux à qui il est accordé, et soumis en-

(1) Dall., 54, 2, 176; Sir., 52, 2, 211.

suite à une certaine latitude d'appréciation confiée à la prudence du juge. »

15. — L'article 832, 2e alinéa, et l'article 826 dont il n'est que l'application, invitent le juge à faire entrer dans chaque lot la même quantité de biens de même nature et valeur, par exemple, des valeurs mobilières de toute sorte en même quantité et valeur, des prés de même superficie et valeur, des vignes également de même étendue et valeur, etc...

Au point de vue rationnel, des lots de même valeur ne sont pas suffisants pour satisfaire l'égalité idéale qui devrait exister dans les partages; il faut, de plus, que les lots comprennent des biens de chaque nature en même quantité, et s'il s'agit de prés ou de terres labourables, par exemple, nous dirons en même superficie. Le législateur tient à exprimer son souci de respecter l'égalité absolue et stricte dans les partages. L'expression « il convient » peut se traduire ici assez justement de cette façon : « Il est conforme à la nature du contrat de partage, c'est une conséquence du principe naturel d'égalité qui doit régner entre copartageants... »

La rédaction de l'article 826, 1er alinéa, suggère les mêmes observations. Remarquez que le législateur n'a pas dit : « Chacun des cohéritiers aura sa part en nature des meubles et immeubles de la succession. Son langage est beaucoup moins impératif : « Chacun des cohéritiers peut demander sa part en nature »; il en a la *faculté*, dit la loi, parce que rationnellement il en a le *droit* absolu, au nom du principe d'égalité. Ce droit, que nous appellerions plus exactement théorique, n'est donc pas lui-même, à proprement parler, inscrit dans la loi. Il est plutôt sous-entendu, et son existence reconnue implicitement.

Il est très vrai que, plus on se rapprochera dans la formation des lots de ce partage idéal qui consisterait à attribuer à chaque cohéritier une part proportionnelle à ses droits dans chaque molécule des biens successifs, mieux on aura réalisé cette égalité qui doit exister, rationnellement, théoriquement, entre personnes ayant un droit de copropriété, donc un droit de même nature, quoique peut-être à des titres différents, et, par conséquent, dans des mesures diverses, sur une même masse indivise. Seulement, et la restriction est capitale, la loi ne produit de résultats pratiques qu'autant que l'idéal élevé, auquel elle vise, ne lui cache point la réalité vivante. Sous peine de rester à l'état de lettre morte ou d'être nuisible, si elle est appliquée, elle doit descendre de ces hauteurs pour prendre contact avec les hommes pour qui elle est faite, sauf à faire à propos un rappel discret à ce droit absolu sur lequel elle est soucieuse de se modeler. C'est ce qu'elle a fait, à notre avis, dans la matière qui nous occupe.

16. — Quel est donc le motif pratique, — car ce doit en être un au premier chef, — qui tient ce principe idéal d'égalité en échec et l'empêche de passer, si ce n'est sous une forme atténuée, relative, dans le domaine des faits? C'est un motif d'intérêt à la fois privé et public qui a déterminé le législateur à prescrire d'éviter le morcellement des héritages et la division des exploitations. Il importe aux copartageants de ne pas recevoir une propriété dépréciée par un morcellement excessif, il importe à l'agriculture et à une bonne économie rurale que les exploi-

lations ne soient pas divisées et dispersées; il importe enfin à la stabilité de l'État qu'il y ait une limite à la découpure des propriétés, résultat des partages. Nous serrons ainsi de plus près la question que nous nous sommes posée, à savoir, dans quelle mesure et à quel titre la distinction entre meubles et immeubles intervient dans nos articles du partage (8).

17. — Si l'article 832, 1er alinéa, n'avait pas été écrit dans la loi, le principe auquel se réfère l'article 826 eût pu conduire logiquement au partage rigoureux des immeubles. Supposons, par exemple, que la masse à partager comprenne deux petites fermes voisines, de même importance, dont les bâtiments d'exploitation, les terres, les prés, sont de part et d'autre d'une valeur à peu près égale. Va-t-on découper les terres, les prés, les bâtiments de chaque ferme en deux parties égales pour que le lot de chacun des cohéritiers se compose de la moitié de chacune des fermes? Nous réservons toujours à la prudence du magistrat l'appréciation des mille circonstances de fait qui peuvent influer sur sa décision. Mais il ne doit pas oublier la prescription de la loi : « On doit éviter, autant que possible, de morceler les héritages et de diviser les exploitations »; il doit chercher à se pénétrer de l'esprit de la loi qui anime cette formule et que nous essayons de mettre en relief.

S'il s'agissait de propriétés d'une grande étendue, l'inconvénient du morcellement serait sans doute moindre, il leur ferait probablement gagner en intensité de production ce qu'elles perdraient en étendue. Mais puisqu'il s'agit de fermes de petite ou même de moyenne étendue et de modeste valeur, qui suffisent tout juste à faire vivre une famille de paysans, il est aisé de prévoir la conséquence qu'entraînerait la division de ces petits biens. Trop peu productifs désormais pour nourrir tous les membres de la famille et occuper leur activité, ils seront abandonnés par quelques-uns qui se dirigeront vers la ville. Ceux qui resteront devront demander au salaire un supplément de ressources.

Une conséquence non moins fâcheuse de la division des héritages, c'est la dispersion des parcelles avec les difficultés d'exploitation qu'elle crée. Elle nécessite l'établissement de servitudes réciproques sur les fonds enclavés l'un dans l'autre, est une cause de gène et de perte de temps pour exploiter des parcelles non contiguës, entraîne des frais pour le plant et l'entretien de nouvelles clôtures, pour la construction de nouveaux bâtiments, etc...

Nous avons pris l'hypothèse la plus simple de deux cohéritiers venant à la succession, mais s'il y en a trois, quatre, cinq et plus, les inconvénients que nous venons de rappeler et résultant de la division de l'héritage seront encore plus évidents.

La méthode la plus rationnelle, qui est celle prescrite par le Code, de composer les lots, sera donc de placer une ferme dans chaque lot, et chaque héritier se trouvera ainsi, à la suite du tirage au sort, à la tête d'un domaine formant un tout indépendant. L'intérêt général de l'agriculture et l'intérêt des deux cohéritiers tout à la fois seront ainsi parfaitement protégés et sont d'accord pour justifier cette solution.

18. — Nous avons supposé deux fermes dont, non seulement la valeur totale est sensiblement égale, mais dont les différentes parties constitutives, terres,

prés, vignes, bâtiments, se balancent aussi à peu près également soit en valeur, soit en superficie.

Si, maintenant, reprenant l'exemple de nos deux fermes, nous les supposons de valeur égale, mais d'inégale superficie, les cohéritiers pourraient bien avoir intérêt à user strictement de leur droit de réclamer leur part en nature, si la loi ne le limitait sagement par sa prescription de l'article 832, 1er alinéa.

La ferme A, la moins étendue, contient, je suppose, avec un petit nombre de terres labourables, d'excellents prés permettant de faire de l'élevage avec profit.

La ferme B, beaucoup plus étendue, consiste surtout en terres labourables qui, estimées isolément, sont de médiocre valeur et insusceptibles d'être converties en prés. Les cohéritiers ne seront-ils pas tentés de tenir le langage suivant : « Sans doute, les deux fermes A et B rapportent à l'heure actuelle un revenu égal, et, si elles étaient mises en vente, atteindraient le même prix. Mais elles sont situées dans un pays où il est facile de prévoir que l'élevage a de plus en plus d'avenir et où, par conséquent, les prés prendront de plus en plus de valeur, tandis que les terres labourables, en dépit de leur augmentation de productivité, auront de la peine à conserver leur valeur actuelle. Nous ne demandons assurément pas que l'on tienne compte de ces chances d'avenir dans l'estimation de la valeur de ces biens. Il est impossible de les apprécier exactement, et il serait difficile, dans cette tâche, d'éviter le risque de l'arbitraire. Nous tenons donc, pour actuellement vraie, l'estimation qui regarde ces immeubles comme d'égale valeur. Mais, pour égaliser les chances d'avenir de chaque lot, nous tenons à user strictement de notre droit de réclamer réciproquement notre part sur chaque catégorie de biens. Que l'on compose chaque lot d'une superficie égale de terres et de prés ».

Le juge fera-t-il droit à cette prétention?

Les circonstances de fait que nous ne pouvons prévoir dans l'hypothèse simple que nous présentons pourront bien le déterminer à prendre telle ou telle décision intermédiaire destinée à concilier tous les intérêts. Qu'il nous suffise de remarquer que nous avons bien ici un de ces cas où la loi verra d'un œil favorable le principe d'égalité absolue fléchir devant l'intérêt général de l'agriculture, qui est bien aussi celui des copartagants. Celui-ci est d'éviter le démembrement de fermes formant un tout compact, avec les inconvénients que nous avons signalés et qui, au regard de la loi, ne seraient pas compensés par les avantages aléatoires résultant d'une distribution égale de chaque catégorie de biens entre les cohéritiers.

19. — Les deux propriétés sont-elles inégales à la fois en superficie et en valeur; si l'on place chacune d'elles dans un lot distinct, l'égalité sera cette fois manifestement violée, puisque l'une, valant par exemple 50,000 francs, l'autre n'a été estimée que 40,000 francs.

La rigueur des principes exigerait que l'on coupât un morceau de la première d'une valeur de 5,000 fr. pour l'ajouter à la seconde et rétablir ainsi l'équilibre. Si les deux propriétés se touchent ou sont voisines, les inconvénients dont nous avons donné un rapide aperçu existent bien encore ici. Que si elles sont situées à une grande distance l'une de l'autre, voire même dans des régions différentes, il sera encore plus fâcheux et plus choquant d'aboutir à ce résultat d'une propriété dont tel pré ou tel champ, quoique s'y rattachant matériellement, en a été arraché par le partage pour faire moralement partie d'un autre domaine situé à des lieues de là. Non, ce n'est pas par cette façon de procéder qui blesse autant la raison que l'intérêt bien entendu de l'agriculture que l'on remédiera à l'inégalité des lots. L'intégrité du domaine le plus important ne sera pas violée. l'attributaire du plus petit domaine ne pourra pas obtenir en nature toute la part à laquelle il a droit dans la succession.

Le principe d'égalité dans les partages exige seulement qu'il l'obtienne au moins en valeur. C'est l'hypothèse que prévoit expressément l'article 833, dont la disposition est la conséquence de l'article 832, 1er alinéa : « L'inégalité des lots en nature se compense par un retour, soit en rente, soit en argent. » L'attributaire du lot valant 50,000 francs devra payer 5,000 francs en argent à son cohéritier dont le lot n'est que de 40,000 francs, et chacun des lots valant ainsi en argent 45,000 francs, l'égalité est, au regard de la loi, suffisamment satisfaite.

20. — Mais il nous faut maintenant faire un pas de plus et montrer que la règle contenue dans l'article 832, 1er alinéa, est d'une importance telle que son observation intéresse l'État par un contre-coup lointain, mais incontestable, par l'intermédiaire, en quelque sorte, des intérêts privés des copartageants.

Cambacérés qui, comme on le sait, prit une grande part à la confection du Code civil, s'exprimait déjà à la Convention, dans la séance du 26 décembre 1793 (1).

(1) *Moniteur* du 28 déc. 1793.

occupée par la discussion de la loi du 5 brumaire an II, sur le partage égal des successions ouvertes depuis 1789, dans les termes suivants : « En décrétant l'égalité des partages dans les successions, vous avez fait un grand acte de justice, vous avez voulu frapper les grandes fortunes, toujours dangereuses dans une République, mais, la loi étant générale, les petits propriétaires ont été atteints (1). Mais qu'importe à la République que 10,000 livres de revenu soient placées sur une tête ou sur cinq ? mais il est intéressant pour le salut d'un État tel que le nôtre qu'un individu ne jouisse pas d'une fortune de 100,000 livres. » Cambacérès, en homme d'Etat clairvoyant, s'effrayait des conséquences funestes d'une loi révolutionnaire passant inconsidérément son niveau sur toutes les fortunes. Que l'on abaisse les grandes maisons, c'est tout ce qu'exige le salut de la République, mais que la destruction ne dépasse pas certaines limites, sous peine de compromettre également la sûreté de l'État qui demande que la nation soit composée de propriétaires jouissant d'une certaine aisance. Telle est la pensée du futur rédacteur du Code civil, et ce sont bien ces idées politiques dont se sont inspirés, avec moins de passion et d'âpreté, avec plus de modération, les législateurs de 1804, en

(1) La loi du 17 nivôse an II avait été conçue dans le même esprit, et avait pour but de hâter le morcellement de la propriété. En effet, les collatéraux ordinaires étaient appelés, dans la succession *ab intestat*, avant les ascendants. Or, le plus souvent, les collatéraux sont en même temps que les plus jeunes, les plus nombreux, et une fortune ou une terre partagée entre eux a plus de chance d'être divisée que si elle revenait aux ascendants. De plus, la représentation était admise à l'infini, même en ligne collatérale; une telle mesure devait augmenter considérablement le nombre des héritiers, c'est-à-dire des copartageants.

ce qui touche la répartition des biens, et en particulier celle des biens fonciers. Sans manifester une franche hostilité au maintien ou à la constitution de la grande propriété, ils ne voient pas cette dernière avec faveur. Un régime de substitutions strictement limité et réglementé, une quotité disponible restreinte, la faculté reconnue à chaque cohéritier de demander sa part en nature dans chaque catégorie de biens, voilà des mesures qui le prouvent suffisamment.

Mais le législateur prévoyant prend bien garde que la disparition de la grande propriété n'entraîne avec elle celle de la petite propriété, ce qui aurait des conséquences désastreuses pour la communauté. Un État est aussi branlant lorsqu'il s'appuie sur un nombre toujours croissant de petits propriétaires, qu'une « poussière de propriété », selon le mot connu de Léon Faucher, ne suffit plus à faire vivre, que lorsque sa puissance est fondée principalement sur les grandes propriétés où dominent les *latifundia* mal cultivés.

21. — La discussion relative a la quotité disponible qui eut lieu au Conseil d'État est très instructive à cet égard, et les paroles des orateurs jettent une vive lumière sur les idées qui préoccupaient les rédacteurs du Code.

Le Premier Consul proposait de faire porter le calcul de la légitime, non pas sur le nombre des enfants, mais sur la quotité de la succession, et d'accorder au père la disposition de la moitié de ses biens pour toute succession n'excédant pas 100,000 fr. ; et au-dessus de cette limite, de fixer la part disponible à une part d'enfant (1). « Dans ce système, disait-il, vous laissez

(1) Fenet, t. XII, p. 318.

une latitude au père, *et vous conservez les petites fortunes, tout en empêchant qu'il s'en forme de trop considérables.* » Au-dessous de 100,000 fr., le père de famille pourra user de la quotité disponible pour assurer la transmission intégrale de son bien. Au-dessus de 100,000 fr., Bonaparte voit d'un œil défavorable les propriétés se conserver, et il ne trouve pas d'inconvénients à ce que le partage en nature en opère la division.

Sans doute, le système qu'il préconisait, touchant la quotité disponible, ne fut pas adopté ; mais ce n'est pas l'esprit qui l'animait qui le fit écarter, mais plutôt, pensons-nous, l'arbitraire et les difficultés d'application qu'il comportait. Nous retrouvons bien dans notre Code un ensemble de mesures destinées, sinon à conserver les petites fortunes, au moins à empêcher la formation de trop considérables, seulement les moyens qu'il a adoptés ne sont pas aussi énergiques que ceux proposés par Bonaparte : leur efficacité est aussi beaucoup plus douteuse.

Le Premier Consul fit encore ressortir toute l'importance qu'il attachait à la conservation des petits patrimoines dans cette déclaration très nette (1) : « Le législateur, en disposant en cette matière (en matière de successions) doit avoir essentiellement en vue les fortunes modiques. La trop grande subdivision de celles-ci met nécessairement un terme à leur existence, surtout quand elle entraîne l'aliénation de la maison paternelle qui en est pour ainsi dire le point central. »

Et Bigot-Préameneu s'exprimait en termes non

(1) Fenet, t. XII, p. 313.

moins remarquables (1) : « La division égale des biens produit un autre inconvénient, elle détruit les petites fortunes. *Un petit héritage coupé en parcelles pour être partagé en plusieurs n'existe plus pour personne.* La famille ne profite pas de cette division, car qu'est pour chacun la modique portion qu'il reçoit ? Si l'héritage demeure entier, il reste en outre commun à la famille. » Voilà des paroles auxquelles, nous osons le dire, un disciple de Le Play accordera son entière approbation. Elles expriment d'une manière concise la double préoccupation du législateur de 1804 de conserver sur des propriétés ni trop grandes ni trop petites des familles ni trop riches ni trop pauvres : une moyenne d'aisance produite par une moyenne d'importance de la propriété, telle est la formule que nous risquerions pour marquer le double but que les rédacteurs du Code se sont proposé de réaliser.

22. — Ce sont ces idées que les commentateurs ont perdues un peu de vue, à notre humble avis, dans l'interprétation de nos articles du partage. C'est à leur lumière qu'il faut lire l'article 832, première partie, et le passage de Chabot déjà cité qui le paraphrase.

Chabot part de ce principe que l'égalité doit régner dans les partages, qu'elle y est rigoureusement nécessaire, et en tire cette conséquence directe que le droit de chaque cohéritier porte et peut s'exercer en nature sur chaque espèce de biens, sans aucune exception. Mais l'orateur aperçoit immédiatement que cette distribution théorique des biens en menus mor-

(1) Fenet, t. XII, p. 317.

ceaux, pour ainsi parler, d'autant plus petits que le nombre des cohéritiers sera plus grand, ne peut fonctionner en pratique que sous une réserve importante, sous peine de porter la plus grave atteinte aux intérêts de l'agriculture, et, partant, à l'intérêt commun des copartageants eux-mêmes. L'intérêt primordial de l'égalité entre ici en conflit avec l'intérêt de la conservation bien entendue des propriétés en un tout organique. « La famille ne profite pas de cette division, répéterons-nous avec Bigot-Préameneu, car qu'est pour chacun la modique portion qu'il reçoit ? » A quoi bon nous parler d'égalité absolue, diront les cohéritiers, si ce beau mot ne cache que la destruction de l'héritage commun ? L'égalité dans la ruine, ce n'est certes pas le but que poursuit la loi. Le principe d'égalité doit s'effacer ici, et c'est ce qui ressort des paroles de Chabot : « Si cette distribution ne peut avoir lieu sans morceler les héritages et sans diviser les exploitations, *ce qu'il faut toujours éviter*, on doit au moins faire entrer, *s'il se peut*, dans chaque lot, la même quantité de meubles, d'immeubles, de droits ou de créances de même nature et valeur. »

23. — Au point où nous en sommes arrivés, nous pouvons entrevoir que la règle de l'article 826 : « Chacun des cohéritiers peut demander sa part en nature des meubles et immeubles de la succession », et la conséquence qu'en tire l'article 832, 2ᵉ partie, n'ont pas été écrites dans la loi en haine de la propriété. Au contraire, leur application bien entendue doit favoriser spécialement l'éclosion d'un certain type de propriété, la moyenne et la petite propriété, à l'exclusion de la grande propriété et de la très petite propriété.

Le principe de l'égalité à maintenir dans les partages a bien incontestablement, à titre de motif juridique, influé sur la rédaction de nos règles : le passage de Chabot, dont l'esprit et les termes mêmes ont passé dans le texte de l'article 832, nous en est un garant.

Mais la lecture des travaux préparatoires, la connaissance des événements historiques qui ont précédé la confection du Code, nous amènent à attribuer l'adoption de nos règles à une cause plus profonde. Sans peut-être que les rédacteurs du Code s'en soient parfaitement rendu compte, si l'on en juge par l'absence de discussion relative à l'adoption même de ces règles, ou plutôt par la raison que ces dernières répondaient à l'état d'esprit du législateur tel qu'il ressort des citations que nous avons faites (20 et 21), ces règles, pensons-nous, sont dues à des motifs de haute politique et de conservation sociale.

Lorsque le législateur a écrit nos articles du partage, c'est la propriété immobilière qu'il était avant tout soucieux de voir arriver aux mains de chaque cohéritier ; non seulement parce que les idées d'égalité lui suggéraient tout naturellement cette solution ; non seulement parce que la propriété immobilière occupait encore à cette époque une place plus importante dans les fortunes que la propriété mobilière, mais encore parce qu'il importait à la stabilité de l'État que le nombre se multipliât des propriétaires fonciers, des propriétaires par excellence qui, vivant sur le sol et des produits du sol du pays, sont les premiers intéressés au maintien de l'ordre dans l'État et à la prospérité de la nation.

On a cité maintes fois ces lignes que Napoléon écrivait à son frère Joseph Bonaparte, pour l'engager à adopter le Code civil dans le royaume de Naples :

« Etablissez le Code civil à Naples : tout ce qui ne vous sera pas attaché va se détruire alors en peu d'années, et ce que vous voudrez conserver se consolidera. Voilà le grand avantage du Code civil. Il faut établir le Code civil chez vous, il consolide votre puissance, puisque par lui tout ce qui n'est pas fidéicommis tombe, et qu'il ne reste plus de grandes maisons que celles que vous érigez en fiefs. C'est ce qui m'a fait prêcher un Code civil et m'a porté à l'établir. » On a outré le sens de ces paroles quand on a voulu y voir l'expression de la volonté de Napoléon de détruire peu à peu toute propriété stable. Ce qui hante son esprit, c'est la destruction des grandes maisons qui pourraient gêner sa puissance, et leûr remplacement par d'autres de sa création qui toutes lui seront dévouées. Mais ce qu'il voudra conserver se consolidera. Et qu'est-il donc nécessaire de conserver? Ce ne sont pas seulement les grandes maisons qu'il érigera en fiefs, c'est aussi une classe nombreuse de petits propriétaires. Les paroles qu'il a prononcées au Conseil d'Etat et que nous avons rapportées sont assez significatives pour ne laisser planer aucun doute sur sa pensée.

24. — Il est aisé, d'ailleurs, de montrer par quelques textes que le législateur a rédigé nos articles avec la préoccupation que la propriété immobilière tenait encore une place prépondérante dans les patrimoines, et que, pour les motifs que nous avons essayé de dégager, elle méritait une sollicitude spéciale.

Nous avons déjà fait remarquer, au début de cette étude, le contraste qu'offre l'article 826 dans sa première et dans sa deuxième partie.

Tandis que la première règle semble mettre les immeubles et les meubles sur un pied d'égalité au point de vue de leur importance dans les fortunes, la seconde permet la vente des meubles seuls pour l'acquit des dettes et charges de la succession, à l'exclusion des immeubles. Encore bien que cette prescription s'explique en partie par le souci d'une sage administration qui conseille d'aliéner d'abord les objets sujets à dépérissement et à détérioration, elle ne saurait se justifier entièrement que si l'on songe que les propriétaires du commencement du siècle étaient présumés par le législateur devoir être encore plus attachés à leur fortune immobilière qu'à leur fortune mobilière.

La matière des rapports va nous fournir un autre exemple remarquable de cet état d'esprit :

En contractant l'obligation de rapporter à la masse l'argent ou les valeurs qu'il a reçues avant tout partage, l'héritier ne renonce pas au droit à lui reconnu par la loi de réclamer sa part en nature des biens dont il est copropriétaire. Lors de la rédaction du Code, à une époque où les immeubles avaient encore beaucoup plus d'importance que les meubles, et, par conséquent, une très grande valeur, l'héritier n'aurait pas renoncé aisément à ce droit. Aujourd'hui, il est vrai, les choses ont bien changé. Non seulement les valeurs mobilières occupent dans les fortunes une place considérable à côté des immeubles, mais ces derniers, du moins les biens fonciers, ont subi, spécialement dans certaines régions, une très notable baisse de valeur. Qu'arrivera-t-il alors bien souvent ? C'est que l'héritier effectuant le rapport fictif de la part héréditaire qu'il a reçue en argent ou en valeurs ne se souciera nullement d'effectuer un rapport réel en réclamant sa part en nature dans les immeubles. Il se trouvera satisfait de sa part et ne demandera rien de plus.

Au contraire, c'est l'héritier qui n'aura reçu aucune créance ou somme d'argent avant partage qui se plaindra de son lot composé uniquement ou, pour la plus grande partie, d'immeubles. Pourra-t-il forcer son cohéritier à prendre sa part en nature d'immeubles et à rapporter effectivement la valeur pécuniaire correspondante en valeurs industrielles, créances ou argent? Non. Le rapport du mobilier ne se fait qu'en moins-prenant (art. 868 C. civ.), et bien que la question soit controversée, nous pensons que cette règle s'applique aux meubles incorporels tels que les rentes sur l'État ou sur particuliers, les valeurs industrielles, les créances de toutes sortes. Et si l'on conteste que le motif qui a fait établir la règle du rapport en moins-prenant, en ce qui concerne les meubles en général, se rencontre pour les meubles incorporels, puisqu'ils ne perdent pas de leur valeur par le temps, par l'usage, par les caprices de la mode, les meubles incorporels, au contraire des immeubles, dira-t-on tout au moins, ne sont pas susceptibles d'un prix d'affection et leur valeur est purement pécuniaire. Pour ce qui est des sommes d'argent, en effet, il n'y a pas de doute. Aux termes de l'article 869 C. civ., « le rapport de l'argent donné se fait en moins-prenant dans le numéraire de la succession. » C'est une faculté dont il usera souvent si, comme nous l'avons dit, ce serait un mauvais calcul de sa part que de verser dans la masse une somme égale à celle dont il doit le rapport, pour obtenir sa part en nature dans les objets mobiliers et dans les immeubles peut-être dépréciés de la succession.

L'adoption d'un « rapport » différent suivant qu'il s'agit d'immeubles ou de meubles, encore bien qu'elle se justifie dans une certaine mesure par des différences essentielles existant entre ces deux catégories de biens, montre néanmoins d'une façon frappante combien le législateur considère les immeubles comme un élément des fortunes plus important, plus recherché, plus affectionné que l'élément mobilier.

Les législateurs de 1804 se souvenaient encore des paroles de Pothier. Ce jurisconsulte dit que le rapport en nature des immeubles a été prescrit pour établir entre les enfants une égalité parfaite qui ne le serait pas si l'un pouvait conserver de bons héritages, pendant que les autres n'auraient que de l'argent dont ils auraient souvent de la peine à faire un bon emploi.

25. — C'est de ces idées qui ont, croyons-nous, influé si puissamment sur l'œuvre du législateur que le juge doit s'inspirer lorsqu'il a à appliquer l'article 827.

L'article 826, après avoir reconnu le droit de chacun des cohéritiers de demander sa part en nature, s'occupe des cas où la vente des meubles doit avoir lieu. Puis l'article 827 a trait au cas où l'on doit procéder à la vente des immeubles ; ce cas unique est celui de l'impartageabilité ou de l'incommodité du partage. Il y a lieu alors à la vente sur licitation. La licitation est plus qu'une formalité préliminaire du partage. Tantôt elle tient lieu de partage, tantôt elle a lieu en même temps qu'un partage partiel.

La question de savoir si tel immeuble est impartageable et si, en conséquence, la licitation doit être prononcée, est pour les tribunaux une question de fait dont l'appréciation varie, suivant les circonstances, d'une espèce à l'autre.

Mais la Cour de cassation est fondée à exercer son contrôle, dans le cas où cet esprit de la loi que nous nous efforçons de mettre en lumière est violé par les juges du fait.

L'examen de quelques arrêts de jurisprudence va nous servir à interpréter l'article 827 et à marquer le rôle qu'il joue pour atteindre ce double but cher au législateur : partage en nature, conservation des petits patrimoines. Mais nous avons vu que ce double but se réduit en somme à un seul : faciliter aux héritiers l'acquisition d'une propriété immobilière ni morcelée, ni divisée, à la condition absolue que l'égalité en valeur soit respectée dans le partage.

26. — Tout d'abord, l'article 974 du Code de procédure civile, au titre des partages et licitations, donne pour un cas spécial une solution qui indique bien la pensée de la loi : elle considère le partage en nature comme le droit commun et la licitation comme exceptionnelle.

Mais nous devons ici faire remarquer que nous nous croyons désormais autorisé par les explications précédemment fournies à nous servir de l'expression « partage en nature » par opposition à « licitation », en ce sens qu'elle ne signifie pas partage en nature d'égalité absolue mais purement relative. En un mot, nous tenons compte, non pas uniquement de l'article 826 et du 2e alinéa de l'article 832, mais aussi du premier alinéa de ce dernier article, pour donner, selon nous, leur vraie signification légale aux mots « partage en nature ».

Ceci entendu, revenons à l'article 974 C. Proc. civ.

Une succession comprend trois immeubles, une maison d'habitation, une usine et un domaine rural. Les experts ont déclaré impartageable chacun de ces trois immeubles pris isolément, après les avoir estimés à un prix sensiblement égal. Va-t-on appliquer l'article 827 du Code civil qui prescrit la vente sur licitation en cas d'impartageabilité d'une façon générale, sans établir explic[illegible]ment d'exception, et notamment sans prévoir expressément le cas que nous venons de supposer? Va-t-on successivement liciter et la maison, et l'usine, et le domaine rural, et les héritiers, qui auraient pu tirer eux-mêmes le parti le plus avantageux de ces immeubles, auront-ils la tristesse de les voir passer en des mains étrangères, faute de capitaux pour pouvoir se porter adjudicataires? La très sage disposition de l'article 974 Code Proc. civ. intervient ici pour prévenir ce fâcheux résultat. « Lorsque la situation des immeubles aura exigé plusieurs expertises distinctes, et que chaque immeuble aura été déclaré impartageable, il n'y aura cependant pas lieu à licitation, s'il résulte du rapprochement des rapports que la totalité des immeubles peut se partager commodément ». Supposons que trois héritiers viennent à la succession : on formera aisément trois lots avec les trois immeubles et la petite inégalité de valeur qui subsiste entre eux se compensera par des soultes en argent.

L'article 974 est essentiellement une disposition interprétative de l'esprit de la loi, et, même en son absence, le juge interprétant largement l'article 827 n'aurait guère pu admettre d'autre solution.

27. — En pratique, le juge est-il hanté par l'idée abstraite d'égalité absolue, ou bien il décidera que

les cohéritiers doivent tous avoir leur part en nature, sauf de légères soultes, et il morcellera, et il divisera, et il violera la loi; ou bien il ordonnera la vente sur licitation qui mettra aussi tous les cohéritiers sur un pied d'égalité en faisant obtenir à chacun l'équivalent pécuniaire de l'immeuble. Il peut arriver que l'un des héritiers soit déclaré adjudicataire, et comme il paiera à ses cohéritiers le prix proportionnellement à leurs parts, on se trouvera en fait dans la situation que le juge aurait pu créer, en n'ordonnant pas la licitation, mais en plaçant le bien dans un seul lot. Il y a toutefois deux différences. La première, c'est que ce résultat n'a été atteint par la licitation qu'avec des frais très élevés. La seconde, c'est que ce mode de procéder favorise l'héritier riche vis-à-vis de ses cohéritiers moins fortunés qui, cependant, pourraient être autant ou plus à même de tirer un parti avantageux de l'immeuble.

28. — La jurisprudence (1) déclare généralement que le partage en nature est le droit commun, et la licitation l'exception; d'autre part, que les juges jouissent d'une certaine latitude d'appréciation pour décider si tels immeubles sont impartageables ou non et en conséquence ordonner ou non la vente sur licitation.

La Cour de Paris a rendu, à la date du 8 mars 1867, un arrêt dont l'intérêt ressort du contraste qu'il forme à cet égard avec le jugement infirmé (2).

---

(1) Cass. Req., 18 oct. 1887; Dall., 88, 1, 480; Sir., 88, 1, 78; — Caen, 24 août 1868; Sir., 69, 2, 215; — Caen, 23 mars 1872 Sir., 72, 2, 222; Dall., 72, 5, 342.

(2) Paris, 8 mars 1867; Sir., 67, 2, 185.

Le Tribunal de la Seine et la Cour d'appel de Paris ont envisagé la question de la licitation et du partage en nature évidemment à des points de vue différents. Les motifs des deux décisions méritent qu'on s'y arrête.

Une succession comprenant trois immeubles est échue à trois héritiers : le débat porte sur la question de savoir si l'on partagera les trois immeubles en nature, ou s'il y aura lieu, au contraire, de procéder à la licitation. Le Tribunal de la Seine se prononça pour la licitation.

Il commence par traduire, en se référant à l'article 827, le mot « commodément » par le mot « immédiatement » : « attendu que la loi ne prescrit le partage en nature des immeubles d'une succession que lorsque ce partage peut être immédiatement opéré ». Qu'entend donc le tribunal par cette possibilité d'un partage immédiat? Les motifs suivants développent sa pensée. Les immeubles, d'abord, sont situés dans des départements très éloignés les uns des autres; puis ils sont de valeurs très différentes, et il faudra par conséquent pour les partager entre les trois héritiers, établir des soultes à la charge d'un ou de deux des copartageants.

Enfin une autre considération encore plus extrinsèque décide le Tribunal : c'est que l'un des héritiers se trouve débiteur envers la succession d'une somme très importante et que le tiers des immeubles joint au rapport qu'il devra faire dépassera sa part dans la succession. Le Tribunal termine en rappelant aux cohéritiers que s'ils tiennent cependant à conserver en nature tels de ces immeubles qui leur conviendront, ils le peuvent en faisant prononcer l'adjudication à leur profit.

L'arrêt de la Cour d'appel s'inspire d'un esprit tout différent.

Remarquons d'abord que nous ne voulons pas comparer les deux décisions relativement aux considérants qui semblent montrer que le Tribunal et la Cour sont en désaccord sur des points de fait.

Ainsi, tandis que le Tribunal prétend qu'un des cohéritiers est débiteur envers la succession d'une somme importante, et a raison, à notre avis, de tenir compte de cette circonstance pour motiver son jugement, la Cour paraît constater que cet héritier est non pas débiteur de la succession, mais débiteur personnel de ses cohéritiers : alors, elle dit aussi très justement que les rapports et les droits des copartageants en tant que débiteurs et créanciers restent indépendants de leurs rapports et de leurs droits en tant qu'héritiers et n'ont rien à voir avec la question de la possibilité et de la commodité du partage en nature. D'autre part, la Cour d'appel ne s'occupe pas non plus de la circonstance sur laquelle s'appuie le Tribunal, à savoir que les immeubles sont de valeurs très différentes, ce qui entraînera le paiement de soultes. Question de fait qui a encore été tranchée d'une différente façon par la Cour, et que nous laisserons de côté.

Venons donc au motif de droit qui a déterminé la Cour à infirmer le jugement du Tribunal. « Considérant, dit la Cour, qu'il résulte de la consistance et de la composition de ces biens, qu'ils peuvent être commodément divisés en trois lots, et, par suite, qu'ils sont partageables en nature, que la situation et l'éloignement de ces biens n'empêchent pas que, considérés en eux-mêmes, ils ne puissent être commodément divisés et partagés; que la circonstance, qu'à raison de leur situation, certains de ces biens pourraient ne pas convenir également à tous les copartageants ne modifiant pas leur consistance et leur composition ne saurait faire obstacle à l'exercice du droit de chacun des héritiers de demander et d'obtenir sa part en nature. »

La Cour considère donc les biens en eux-mêmes, dans leur consistance, individuellement, indépendamment de leur situation et de leur éloignement. Elle interprète l'article 827 strictement en ce sens que, se trouvant placée en présence de trois unités dites immeubles, encore bien qu'elles soient de différentes valeurs, la solution la plus aisée, la plus commode, pour reprendre l'expression de la loi, qui se présente immédiatement à l'esprit pour en opérer le partage, c'est l'attribution d'une unité à chacun des trois cohéritiers. Le vœu de la loi qui est de permettre à chaque cohéritier l'exercice de son droit sur la succession en nature est rempli, et cela avec une sage modération, puisqu'ici il n'est pas question de morceler, et que l'article 832, 1er alinéa, n'est pas violé. Certains de ces biens, dit-on, peuvent ne pas convenir à tous les copartageants, à raison de leur situation éloignée de la résidence de ces derniers. On répond que l'on fait valoir ainsi une considération étrangère à l'opération même du partage, et que ce sera affaire à l'attributaire de tels ou tels immeubles à les aliéner plus tard s'il le juge bon.

Mais il paraît un peu exorbitant de prétendre imposer à tous les copartageants les frais d'une licitation coûteuse, encore bien que, comme le rappelle le Tribunal, chaque cohéritier a la faculté de racheter les immeubles qui lui conviendront en se portant adjudicataire.

Le partage en nature est donc le droit commun et la licitation une mesure exceptionnelle dont on ferait un mauvais usage dans le cas où les immeubles, comme dans notre espèce, forment un lotissement tout naturel, pour ainsi dire d'eux-mêmes, par leur propre consistance, par le fait qu'ils constituent un tout unique.

29. — Nous ne contestons pas que la question de savoir si tel immeuble est ou non impartageable commodément selon les termes de l'article 827 est pour les Tribunaux une question de fait qui échappe au contrôle de la Cour de cassation, et qui ne comporte pas une classification juridique des décisions judiciaires parmi lesquelles les unes violeraient ouvertement la loi, les autres, au contraire, s'y conformeraient strictement.

Mais suffit-il de dire (1) que le juge doit concilier le droit qu'ont les héritiers à avoir leur part en nature, avec l'intérêt qu'ils ont tous à ce que les biens ne soient pas dépréciés par leur division ? Cela est parfaitement juste, et nous croyons qu'il ne violera jamais la loi, s'il ne perd pas de vue et ce « droit » et cet « intérêt » qu'il a tout à la fois à garantir.

Mais se sera-t-il ainsi conformé à la loi d'une façon intégrale ? Le Code ne lui impose-t-il pas encore une tâche plus haute qu'il nous semble distinguer dans l'article 832, 1er alinéa, dans l'esprit de la loi que nous avons essayé de faire apparaître, et qui consisterait à protéger les intérêts de la propriété foncière par la formation de domaines de moyenne ou de petite étendue et le maintien de leur intégrité ? Nous

(1) Laurent, t. X, n° 321, p. 351.

disons les domaines de moyenne ou de petite étendue, car, lorsque la loi parle de « morcellement » et de « division », elle vise surtout ces propriétés qu'un partage inconsidéré démembrera et rendra insuffisantes à faire subsister ses habitants. Ce danger est naturellement moins à redouter en ce qui concerne les domaines d'une certaine étendue, surtout si les héritiers sont en petit nombre. A leur égard, le législateur voit même avec faveur le partage en nature opérer ses effets.

30. — Supposons une succession échue à quatre héritiers et comprenant une maison d'habitation, un bâtiment d'exploitation, des terres labourables d'une superficie d'environ cinq hectares. Le juge estime qu'en mettant les bâtiments dans un lot et en répartissant les terres dans les autres, non seulement chaque héritier gêné sur son lopin de terre d'une exploitation plus difficile et plus coûteuse qu'auparavant, souffrirait dans ses intérêts, mais que l'intérêt général de l'agriculture s'en ressentirait également, puisque des causes d'embarras et de découragement infligés aux particuliers ont leur répercussion sur la production et le bien-être général. Le Tribunal ordonne la licitation. Aucun des héritiers n'est en mesure de se porter adjudicataire, et le bien passe entre les mains d'un étranger. Le petit bien va conserver son intégrité, mais les héritiers, loin d'avoir chacun leur part en nature, n'en recevront plus que la valeur représentée par le prix de vente.

C'est la Cour d'Aix, par exemple, qui, dans un arrêt du 13 février 1895, consacré par la Cour de cassation (1),

(1) Cass. req., 23 mars 1896; Dall., 97, 1, 443.

donne une solution semblable. La Cour d'Aix fait résulter l'incommodité du partage du fait que les immeubles indivis ont trop peu d'importance pour pouvoir être divisés et ordonne en conséquence la vente sur licitation.

L'intention de la Cour est fort louable et conforme à l'esprit de la loi qui défend de morceler les héritages. Mais ce résultat ne serait-il pas atteint plus simplement, avec moins de frais, si le juge, n'ordonnant pas la licitation, formait un seul lot des immeubles et composait les autres au moyen de soultes ou de meubles et valeurs mobilières pouvant exister dans la succession? On objectera que le sort est aveugle et pourra bien attribuer les immeubles précisément à celui des héritiers qui désirerait avoir de l'argent et des effets mobiliers, tandis que la licitation permettra à celui qui en aura les moyens et qui le désirera de se porter acquéreur. Nous répondrons d'abord qu'en pratique, bien souvent, aucun des cohéritiers n'est en mesure de racheter l'immeuble et que c'est un étranger qui en devient propriétaire, et ensuite qu'il importe beaucoup de régler les successions avec un minimum de formalités et de frais.

Le juge pourait-il adopter ce moyen de sortir d'indivision, tout en respectant la loi? Nous inclinerions à répondre affirmativement, s'il se trouve dans la succession des meubles ou de l'argent en quantité suffisante, ou si, à leur défaut, les soultes à payer seront si peu lourdes, vu le peu d'importance des immeubles, qu'on pourra dire justement que le partage se fait ainsi commodément.

31. — La Cour de Nîmes (1) pose en principe que celui qui est appelé au partage d'une succession a droit à la propriété des immeubles qui la composent et qu'on ne peut, en les aliénant malgré lui, le forcer de recevoir en argent le prix de ce qu'il était autorisé à exiger en biens-fonds. Une application de ce principe n'est-elle pas la suivante ?

Un immeuble indivis est à partager entre quatre héritiers. L'immeuble ne saurait être divisé en quatre lots, sans subir une notable dépréciation, mais il pourrait l'être en deux lots. Le juge ne peut-il pas faire cette division en deux lots, pour ordonner ensuite la licitation de chacun d'eux? Les héritiers qui préfèrent avoir leur part en nature plutôt qu'en argent trouvent ainsi leur situation facilitée puisqu'il sera plus commode à chacun de se porter adjudicataire d'un immeuble de 5,000 francs, par exemple, que d'un immeuble d'une valeur double. Cette manière de procéder permet au moins à deux cohéritiers sur quatre d'obtenir leur part en nature, tandis qu'une seule licitation aurait sans doute fait passer l'immeuble entre les mains d'un étranger.

Prenons une hypothèse un peu plus compliquée. Une succession est échue à trois héritiers, dont l'un a droit à la moitié, les deux autres chacun au quart. Elle comprend un domaine que les experts reconnaissent impartageable en quatre lots. Mais le juge, trouvant qu'il est commode de le partager en deux lots, opère de la façon suivante : il divise le domaine en deux parties dont l'une constituera le lot de l'héritier qui a droit à la moitié, et l'autre le lot indivis de ses

(1) Nîmes, 13 février 1833; Dall., *Jur. gén.*, v° *Successions*, n° 1732.

deux cohéritiers : c'est naturellement le tirage au sort qui déterminera cette première répartition. Le juge ordonne ensuite la licitation de la moitié indivise.

La loi est-elle violée par cette façon de procéder ? La Cour de cassation l'a jugé ainsi (1). Et il faut bien avouer que cette sorte de partage préliminaire par tirage au sort qui est ainsi effectué n'est pas explicitement prévue par l'article 827. Mais affirmera-t-on que le résultat auquel on arrive est contraire à l'esprit de la loi ? Si l'on considère les trois cohéritiers isolément, le partage en nature est impossible. Mais qu'on les divise en deux groupes d'après la quotité de leurs droits, le partage en nature devient possible dans cette mesure. L'un au moins des cohéritiers recevra sa part en nature, tandis que les autres devront se contenter d'un lot composé des deniers provenant de la vente partielle sur licitation. Le but de la loi, à savoir que chaque cohéritier ait sa part en nature, est rempli en ce qui concerne un des cohéritiers, il ne peut l'être à l'égard des autres par la force des choses. L'article 826 reçoit application dans le premier cas (tout en observant, bien entendu, l'article 832, 1er alinéa); l'article 827 dans le second.

Mais, pourra-t-on objecter, il s'agit d'héritiers venant à la même succession : la logique exige que vous leur appliquiez à tous ou l'article 826 ou l'article 827, mais sur quel texte vous fondez-vous pour leur appliquer des règles différentes, et que faites-vous de la règle de l'article 832, 2e alinéa, d'après laquelle il convient de faire entrer dans chaque lot, s'il

---

(1) Cass. civ., 10 mai 1826; Dall., *Jur. gén.*, v° *Successions*, n° 1733.

se peut, la même quantité de meubles, d'immeubles, de droits ou de créances de même nature et valeur?

Mais, répondrons-nous, parce que tous les héritiers ne peuvent obtenir leur part en nature, vous décidez qu'on licitera et qu'ils recevront tous leur part en argent. Nous ne voyons pas que l'égalité exige cela. Nous pensons qu'il est plus conforme à l'esprit de la loi d'accorder sa part en nature à celui à qui les circonstances et le sort permettent de la recevoir, du moment que cette solution n'est pas la cause même du fait que ses cohéritiers ne bénéficient pas du même avantage, et qu'ainsi l'égalité, — l'égalité relative, la seule que l'on soit tenu de respecter, — n'est pas violée.

32. — La même question se pose en pratique dans le cas où la succession doit se diviser entre les héritiers de la ligne paternelle et les héritiers de la ligne maternelle. On suppose l'immeuble partageable en deux lots égaux. Le juge va-t-il, par voie de tirage au sort, attribuer l'un à la ligne paternelle, l'autre à la ligne maternelle; et puis, chaque moitié dévolue aux deux lignes étant impartageable, ordonner la licitation dans celle des lignes où il se trouve plus d'un héritier?

La jurisprudence (1) condamne ce mode de procéder et décide que l'immeuble doit être licité pour le tout. Elle s'appuie sur l'article 831 qui n'admet qu'une seule exception à la règle qu'il doit être composé autant de lots égaux qu'il y a d'héritiers copartageants : c'est le cas où des héritiers viennent

(1) Bordeaux, 30 juillet 1838; Dall., v° *Successions*, n° 1734; — Cass. civ., 28 nov. 1883; Dall., 84, 1, 153; Sir., 85, 1, 65.

par représentation; il y a lieu alors de faire autant de lots qu'il y a de souches copartageantes. Et, en effet, si c'est bien là une exception ayant sa cause dans le principe de la représentation, la Cour de cassation a raison de dire « qu'elle ne saurait être étendue, par une assimilation arbitraire de la ligne à la souche, aux héritiers venant de leur chef à la succession, y exerçant leur droit propre. » Mais nous ne pouvons nous résoudre à considérer la règle de l'article 831 comme se suffisant à elle-même, et à l'interpréter aussi étroitement. Elle doit se combiner avec les dispositions des articles 826, 827 et 832 dont les textes et surtout l'esprit nous autorisent à accorder plus de latitude au juge.

Voyez les conséquences de la doctrine de la jurisprudence, dans ce cas de partage entre la ligne paternelle et la ligne maternelle. L'immeuble est-il jugé commodément partageable, on prend pour unité la part de l'héritier dont les droits sont les plus faibles, et on fait autant de lots que cette part est comprise de fois dans le total des biens composant la succession; puis on attribue, par voie de tirage au sort, un ou plusieurs lots à chaque intéressé, suivant ses droits. L'article 832, 1er alinéa, qui prescrit d'éviter le morcellement, risque bien, avec ce procédé, d'être méconnu.

L'immeuble est-il déclaré non commodément partageable, on le licite et aucun héritier peut-être ne sera adjudicataire, aucun n'obtiendra sa part en nature, et l'article 826 n'aura pas rempli son but.

32 *bis*. — Il est juste de noter cependant que certains arrêts de Cours d'appel ont interprété l'article 831 dans le sens libéral que nous lui attribuons,

dans des cas où il s'agissait non pas de partage de succession, mais de partage de communauté auquel, nous le savons, les règles du partage en nature sont applicables (art. 1476 Code civ.). Il a été jugé, en effet, qu'en matière de partage de communauté, il n'y a pas lieu d'ordonner la licitation, lorsque le partage en nature peut se faire en deux portions égales entre l'époux survivant et les héritiers de l'autre époux, encore bien que la subdivision ne puisse s'opérer aisément entre ces derniers (1). On argumente de l'article 1474 qui décide qu'après les prélèvements opérés, la masse se partage par moitié entre les époux ou ceux qui les représentent ; et on assimile avec raison ce cas à celui prévu par l'article 831 : « Lorsque le partage des biens dépendant d'une communauté ou d'une succession peut se faire en deux parts égales pour les *deux part-prenants principaux*, ou les deux souches part-prenantes, ce partage doit être ordonné et non la licitation ; autrement, ce serait priver les part-prenants principaux ou les souches principales du droit de prendre des biens en nature, alors cependant que cela serait possible, et leur causer souvent un préjudice considérable par les frais et la diminution de valeur à laquelle une vente judiciaire et forcée peut les exposer (2). »

---

(1) Bordeaux, 13 déc. 1838 ; Sir., 39, 2, 197 et la note ; Dall., 39, 2, 150 ; — Orléans, 19 mars 1887 ; Sir., 88, 2, 8 ; Dall., 89, 2, 1138. — En ce sens, Aubry et Rau, t. V, p. 431, § 519 ; — Laurent, t. XXIII, n° 14 ; — Guillouard, t. III, n° 1333 ; — Baudry-Lacantinerie, Le Courtois et Surville, *Traité du contrat de mariage*, t. II, n° 1140. — Cf. en sens contraire, Cass., 11 déc. 1882 ; Sir., 84, 1, 229 ; Dall., 84, 1, 36.

(2) Voy. dans Sirey la note précitée sous Bordeaux, 13 déc. 1838 ; Sir., 39, 2, 197.

33. — La Cour de Rennes (1) a eu à se prononcer sur une espèce analogue.

Les premiers juges, en présence d'un bien indivis à partager entre quatre héritiers, l'estimèrent commodément partageable en deux lots seulement, sauf à procéder à deux ventes sur licitation pour faire cesser l'indivision entre chaque groupe de deux cohéritiers. La Cour de Rennes réforma cette décision, en déclarant que la licitation est obligatoire, lorsqu'un immeuble indivis entre plusieurs copropriétaires ne peut commodément se partager en autant de lots qu'il y a de propriétaires ayant un intérêt distinct. La loi, dit-elle, ne laisse, en ce cas, aucun pouvoir discrétionnaire aux Tribunaux; cela résulte du rapprochement des articles 826, 827 et 831.

L'argument ne nous convainc pas. L'application de l'article 831, qui exige la composition d'autant de lots égaux qu'il y a d'héritiers copartageants, est subordonnée à la solution de la question posée dans l'article 827 : les immeubles sont-ils commodément partageables ou non ? La formule dans laquelle elle est rédigée n'est-elle pas assez large pour viser le partage à quelque titre que ce soit ? A titre définitif, si le partage est possible immédiatement en autant de lots qu'il y a d'héritiers copartageants; à titre de formalité préliminaire si, comme dans l'espèce présente, la formation de deux lots est seule possible, une double licitation étant ensuite nécessaire pour sortir d'indivision.

Cette façon d'interpréter l'article 827 est-elle contraire à l'esprit de la loi? Il ne semble pas, s'il est

---

(1) Rennes, 19 février 1835; Dall., *Jur. gén.*, v° *Successions*, n° 1733.

vrai que deux petites licitations doivent être nécessairement plus abordables qu'une seule licitation aux cohéritiers qui désirent se porter adjudicataires pour conserver le bien familial. Ne rentre-t-il pas dans le but de la loi que les héritiers obtiennent leur part en nature, résultat plus sûrement atteint dans notre espèce par deux licitations que par une seule licitation? Ici, l'on nous arrête, et l'on nous dit que nous méconnaissons la raison d'être fondamentale de l'article 826, à savoir l'égalité qui doit être maintenue entre les cohéritiers. Si la loi permet à chacun des cohéritiers de demander sa part en nature des meubles et immeubles de la succession, c'est qu'elle entend bien que tous l'obtiendront. L'article 827 prévoit le cas où cela n'est pas possible, et prescrit, en conséquence, d'avoir recours à la licitation qui mettra les cohéritiers aussi sur un pied d'égalité, mais en sens inverse. Chacun verra sa part en nature transformée en argent.

Voilà, certes, une façon toute simple de comprendre et d'appliquer l'égalité qui, si nous osons employer cette expression triviale, consiste à ne pas faire de jaloux. Nous ne pouvons lui donner notre adhésion : ni le texte ni l'esprit de la loi ne l'imposent.

34. — Un arrêt de la Cour de Caen du 28 juin 1859 (1) nous offre une espèce un peu différente. Il confirme un jugement qui avait ordonné la licitation dans les conditions suivantes : les biens étaient d'une valeur peu considérable et morcelés en très petites et nombreuses parties ; les petits bâtiments d'exploitation qui s'y rencontraient ne pouvaient être parta-

(1) Caen, 28 juin 1859; Dall., 60, 5, 258.

gés; bref, pour faire trois lots, il aurait fallu nécessairement établir de l'un sur l'autre des servitudes très onéreuses et très incommodes. Ces biens sont donc licités. Aucun des cohéritiers n'ayant les ressources nécessaires pour se porter adjudicataire, le bien familial va passer en des mains étrangères, et sera remplacé dans les mains des héritiers par une somme d'argent. Ainsi, bien que chaque cohéritier puisse individuellement demander sa part en nature en vertu de l'article 826, de par l'article 827 aucun ne l'obtiendra.

Parce que chacun ne peut obtenir sa part en nature que s'il prend en même temps celles qui reviennent à ses cohéritiers, les parts étant inséparables dans un bien impartageable, tous seront privés de leur droit.

La loi ne veut faire aucun privilégié parmi les cohéritiers. Si le bien eût été aisément partageable en trois lots, chacun des trois cohéritiers aurait obtenu sa part en nature, et l'égalité aurait été satisfaite.

Le partage est-il impraticable, plutôt que de mettre l'héritage en entier dans un seul lot et le charger de soultes au profit des autres, à défaut de valeurs mobilières existant dans la succession, on ordonne la licitation; l'immeuble devient la propriété d'un étranger et les cohéritiers se trouvent encore en regard l'un de l'autre sur un pied d'égalité. Ce résultat choque bien des personnes, à savoir des héritiers mis ainsi dans l'impossibilité de retenir la moindre parcelle en nature du bien à eux transmis de génération en génération, qu'ils ont peut-être eux-mêmes amélioré par leur travail, et auquel ils portaient de l'affection. On suppose même que l'un d'eux ait les ressources suffisantes pour se porter adjudicataire, n'est-il pas fâcheux qu'il soit obligé de payer en sus de son prix les frais élevés de la vente sur licitation?

Pense-t-on que le juge aurait violé la loi, s'il n'avait pas ordonné la licitation? Au moment de la formation des lots, obéissant bien entendu à la prescription de la loi d'éviter le morcellement, il aurait composé avec les immeubles un lot ou deux lots, si possible, en formant les autres au moyen de valeurs mobilières ou de soultes. Naturellement les lots doivent toujours être tirés au sort. L'obligation du tirage au sort des lots distingue essentiellement le partage judiciaire du partage d'attribution.

Nous devons dire dès maintenant que la loi du 30 novembre 1894, relative aux habitations à bon marché, dans son article 8, que nous aurons à interpréter plus tard, permet aujourd'hui, sous certaines conditions, d'écarter la licitation dans des cas où elle interviendrait tout à fait inopportunément.

35. — En résumé, l'on voit que si, logiquement, dans l'ordre de la procédure judiciaire, les opérations prévues par les articles 827 et 832 prennent place à des moments différents, on doit cependant les combiner pour en faire une juste application.

L'article 827 soulève la question de savoir si tels immeubles sont incommodément partageables et si, en conséquence, ils doivent être vendus, mais cette question intéresse directement la formation et la composition des lots prévus par l'article 832. Pourquoi? Parce qu'il ne s'agit rien moins que de décider par là dans quelle mesure le partage se fera en nature et jusqu'à quel point le vœu de la loi, exprimé dans le premier alinéa de l'article 826, sera rempli.

Nous pensons que, tout en observant strictement les formalités qui lui sont tracées par nos articles, le juge jouit d'une latitude d'appréciation assez grande, tant dans l'interprétation de l'article 827, que dans celle de l'article 832, d'une liberté de mouvement qui, on doit bien le remarquer, ne dégénèrera pas en arbitraire, et ne conduira pas à la violation de la loi, si le juge en use uniquement pour atteindre pleinement et avec sagesse le but que se propose la loi, à savoir le partage en nature. C'est la fin dernière à laquelle elle tend dans le partage judiciaire, pour deux raisons, comme nous avons essayé de le montrer, d'abord, par respect pour le principe d'égalité, âme des partages, et ensuite, pour une raison d'intérêt public, puisqu'il s'agit, dans l'esprit du législateur, de l'organisation et de la conservation d'un type de propriété jugé nécessaire au maintien de l'ordre et de la paix dans l'État.

36. — C'est ce but de la loi qui nous a conduit à donner de l'article 832 une interprétation qui pourra paraître trop littérale. Cependant, outre que nous croyons avoir attribué aux mots et aux phrases leur pleine valeur comparative, nous n'avons jamais eu la présomption de limiter arbitrairement le champ d'appréciation du magistrat dans le domaine des faits, mais nous avons pensé qu'il était du devoir de l'interprète de rechercher et d'indiquer le sens et la direction dans lesquels l'esprit de la loi doit le pousser.

D'autre part, nous avons obéi à la même préoccupation quand nous avons tenté d'interpréter l'article 827, bien que l'on pensera peut-être qu'ici, au contraire, nous l'avons compris d'une façon trop large, en ce qui concerne le recours à la licitation.

Mais le même motif servira à nous justifier. Nous sommes persuadé que le juge fait le plus légitime emploi d'une institution, quand il la plie, avec une souplesse que permettent d'ailleurs les termes de la loi, aux mille circonstances de fait, pour la faire servir au but que se propose le législateur. Un texte de loi, quel qu'il soit, n'est vraiment fécond en résultats pratiques qu'autant que le juge, chargé de l'appliquer, cherche à tirer de cette formule sèche et vide en apparence tout ce qu'on peut légitimement en tirer quand on la rattache étroitement à l'idée qui est à sa base.

37. — Les règles formulées pour les partages judiciaires ne permettent pas d'ailleurs au juge de tenir compte pour la composition des lots des goûts, des aptitudes, de la position, des convenances des copartageants ; le tirage au sort des lots, formalité essentielle du partage judiciaire, suppose, à proprement parler, que le juge ne connaît pas tels ou tels copartageants, êtres réellement vivants et, par conséquent, dissemblables; il n'est en présence que de numéros, ou si l'on veut, d'individus abstraits, tous égaux ou tous pareils, auxquels la loi prescrit d'attribuer une égale mesure dans la masse à partager, de telle sorte que, quant à la quantité et à la nature (avec les importantes restrictions que l'on sait), quant à la qualité et à la valeur, le lot n° 1 soit, si possible, identique au lot n° 2.

Le juge ne peut, en fait, atteindre à l'égalité matérielle absolue. Nous avons vu que l'intérêt commun des copartageants et l'intérêt public concourent à empêcher ce résultat dans une mesure plus ou moins grande. On pourra toujours obtenir, à très peu de chose près, l'égalité en valeur nécessaire, en tous cas, dans tout partage qui, sans elle, à vrai dire, cesserait d'être un partage. Mais l'égalité en nature d'immeubles et de meubles sera sérieusement tenue en échec par l'application des articles 827 et 832. Il pourra arriver, d'une part, que le lot nº 1 renferme plus d'immeubles que les lots nºs 2 et 3 (art. 832), d'autre part, que le lot nº 1 obtienne tous les immeubles, tandis qu'aux lots nºs 2 et 3 n'échéent que des capitaux mobiliers ou de l'argent (art. 827).

Néanmoins, l'égalité entre copartageants est encore, dans notre loi actuelle, sauvegardée en ce sens que le juge ne peut jamais, de sa propre autorité, et encore bien qu'il eût les meilleures raisons pour agir ainsi, attribuer tel ou tel lot à tel ou tel cohéritier.

Le partage judiciaire est ainsi précisément le contraire du partage d'attribution et doit s'opérer finalement par un tirage au sort.

Or, encore bien que les lots ne soient pas égaux en nature, le fait même du tirage au sort de ces lots inégaux met tous les copartageants sur un pied d'égalité : chacun a, par le fait du sort, la même chance que son cohéritier d'obtenir tel ou tel lot. Le tirage au sort constitue, dans le partage judiciaire, quant à la nature des biens un minimum de cette égalité matérielle que l'application des articles 827 et 832 ne peut suffisamment garantir.

38. — Le partage judiciaire est, dans notre loi, un mode exceptionnel de sortir d'indivision. Ses règles sont écrites pour des situations spéciales : pour les incapables et pour les héritiers capables qui ne peuvent se mettre d'accord. Le droit commun, c'est le partage amiable, le partage d'attribution, pour la validité du-

quel la loi n'impose aucune forme ni condition particulière en dehors de celles qui sont requises pour la validité des contrats en général. L'égalité en valeur, absolue, si tous les cohéritiers ont des droits égaux sur la masse à partager, proportionnelle, s'ils viennent avec des droits inégaux, voilà la condition essentielle que doit remplir le partage d'attribution, condition inséparable de la notion même de partage.

Les cohéritiers peuvent d'ailleurs, et en fait, c'est ce qu'ils font souvent, emprunter au partage judiciaire telles règles et telles formes qu'ils jugent convenables pour les combiner avec telles dispositions que leurs intérêts communs leur suggèrent de prendre.

C'est ainsi qu'ils ont souvent recours au tirage au sort, quand le souci d'éviter toute possibilité de fraude, d'écarter tout motif de susceptibilité ou de jalousie l'emporte à leurs yeux sur l'avantage que tous ou quelques-uns d'entre eux auraient de pouvoir obtenir, par voie d'attribution, tel lot plutôt que tel autre.

Et, naturellement, comme dans le partage judiciaire, l'opération finale du tirage au sort influe sur la composition des lots. Bien que le tirage au sort, comme nous l'avons dit, donne satisfaction à un minimum d'égalité au moins matérielle, les cohéritiers, bien souvent, ne s'en contenteront pas et formeront les lots d'une même quantité de meubles et d'immeubles. Il est vrai qu'ils emprunteront à l'article 832 la disposition de son deuxième alinéa, et qu'ils tiendront un compte insuffisant de celle contenue dans le premier alinéa, ce qui, dans le partage judiciaire, nous avons essayé de le montrer, serait aller directement contre le but de la loi. Si la succession comprend un immeuble incommodément partageable, plutôt que de le mettre en entier dans un seul lot, les cohéritiers préféreront souvent recourir à la licitation pour voir tous leurs droits sur l'immeuble transformés en leur équivalent pécuniaire, à moins que, poussés dans un autre sens par leur passion excessive pour l'égalité, ils ne morcellent et ne divisent l'immeuble pour en obtenir chacun un lambeau.

39. — La loi n'empêche pas des cohéritiers qui ont recours à un partage amiable de travailler ainsi à la fois contre leurs propres intérêts et contre l'intérêt public.

Nous avons cependant essayé de montrer que, parmi les motifs qui ont inspiré le législateur dans la rédaction des articles 826, 827 et 832, il en est un d'intérêt public.

L'État, avons-nous dit, est intéressé à ce que les héritages ne soient pas morcelés à l'excès et à ce que les héritiers obtiennent dans une certaine mesure leurs parts en nature. Cet intérêt, pourra-t-on objecter, n'existe donc que dans le partage judiciaire, et disparaît quand les parties sont d'accord pour recourir à un partage amiable ?

Il est d'abord bien certain que le texte seul de la loi montre que ces règles ont été écrites expressément pour le partage judiciaire, et que leur observation n'est obligatoire que pour le juge. Rappelons les termes de l'article 838 : « Si tous les cohéritiers ne sont pas présents, ou, s'il y a parmi eux des interdits, ou des mineurs, même émancipés, le partage doit être fait en justice, conformément aux règles prescrites par les articles 819 et suivants, jusques et y compris l'article précédent. » La loi limite donc elle-même la portée obligatoire de nos articles aux situations réglées par le partage judiciaire.

Ensuite, nous n'avons pas prétendu que le législateur ait entendu consacrer nettement une loi d'intérêt public exigeant une rigoureuse observation. La matière ne pouvait s'y prêter. Les mille circonstances de fait influant sur la répartition des diverses natures de biens, pour l'appréciation desquelles nous avons été obligé de reconnaître une grande latitude au juge, n'ont pas permis au législateur de statuer avec cette précision et cette netteté avec lesquelles il a, par exemple, consacré le droit des héritiers à la réserve. Il était aisé d'affecter un caractère d'ordre public à une loi fixant une *quotité*, une valeur en chiffres, à laquelle une certaine classe d'héritiers avait un droit qu'on ne pouvait leur enlever. Il eût été imprudent, à raison même de son inefficacité pratique, de reconnaître le même caractère rigoureux de disposition d'ordre public à une loi statuant sur les *qualités* essentiellement contingentes des biens. D'une part, le principe d'égalité qui doit régner dans les partages et dont la réserve n'est qu'une application est tenu en échec, en matière de partage en nature, comme nous l'avons vu, par le souci du législateur de protéger les intérêts de l'agriculture et de la propriété. Mais, d'autre part, ce dernier motif auquel nous avons accordé tant de prépondérance dans l'interprétation des articles 826, 827 et 832 ne peut imprimer à ces dispositions le caractère proprement dit de lois d'ordre public, à raison de l'incertitude qu'elles empruntent à la variété des situations créées par la nature des biens. Il s'agit donc ici plutôt d'un état d'esprit du législateur de 1804 auquel le juge devra se conformer autant que les circonstances de chaque espèce le lui permettront.

En ce qui concerne maintenant les partages amiables,

il n'est pas douteux que le désir du législateur de protéger la propriété subsiste dans toute sa force. Il n'a pas expressément prescrit aux particuliers, comme au juge, de respecter cette volonté; il leur a laissé toute liberté dans leurs conventions, et a eu confiance que la recherche de leur propre intérêt, dans la convention de partage, serait la meilleure sauvegarde de l'intérêt public avec lequel il se confondrait le plus souvent. Que sur ce point le législateur se soit trompé, en une certaine mesure, dans ses prévisions, comme nous le disions il y a un instant, il est difficile de le nier.

40. — Le véritable partage amiable, disons-nous, est le partage d'attribution, c'est-à-dire celui qui ne comporte pas nécessairement de tirage des lots au sort et dans lequel, en conséquence, les lots sont composés en vue de leur attribution. Tandis que, dans le partage judiciaire, les lots sont formés pour des cohéritiers que l'on suppose être des êtres abstraits, identiquement les mêmes, portant simplement des numéros d'ordre, dans le partage amiable, chacun d'eux est formé d'une façon spéciale pour répondre aux goûts, aux convenances, aux aptitudes, à la position sociale de chaque copartageant. Dans ce partage, l'égalité en valeur seule doit être respectée; l'égalité en nature n'est qu'accessoire et se trouve subordonnée aux conditions que nous venons d'énumérer.

Nous arrivons ainsi à l'examen d'une grave question, celle de savoir si les articles 826, 827 et 832 sont applicables aux partages d'ascendants.

CHAPITRE II

Les articles 826, 827 et 832 du Code civil sont-ils applicables aux partages d'ascendants?

41. — Le père de famille, qui fait la distribution et le partage de ses biens entre ses enfants, soit par acte entre-vifs, soit par testament, comme le lui permettent les articles 1075 et suivants, doit-il, dans la composition des lots, observer, sous peine de nullité, les règles contenues dans les articles 826, 827 et 832?

Après ce que nous avons dit au chapitre précédent, on aperçoit immédiatement que cette question est très voisine de celle-ci : le partage d'ascendant doit-il être assimilé au partage judiciaire, ou, au contraire, est-ce un partage d'attribution?

Si on assimile le père de famille distribuant son patrimoine entre ses enfants au magistrat qui préside aux opérations du partage judiciaire et les surveille, on lui imposera par là même l'obligation de se conformer à nos articles concernant la composition des lots.

Est-on convaincu, au contraire, que le père de famille tient directement de la loi des pouvoirs spéciaux, parallèles et non pas assimilables à ceux du juge, on ne saurait juridiquement, sans un texte formel, lui faire un devoir d'obéir à des règles écrites pour une situation toute différente.

La Cour de cassation et les Cours d'appel, dont nous aurons d'ailleurs à examiner l'intéressante évolution, se sont prononcées depuis longtemps pour l'application des articles 826, 827 et 832 aux partages d'ascendants.

La majorité des auteurs a adopté la même doctrine.

Nous nous rangeons à l'opinion d'un petit nombre d'excellents esprits (1) qui considérent cette théorie comme erronée et qui protestent énergiquement contre l'application des articles 826, 827 et 832 aux partages d'ascendants, au nom des principes du droit, et au nom du fondement même de l'institution des partages d'ascendants.

42. — Si d'abord nous nous reportons aux articles 1075 à 1079 du Code civil qui régissent la matière des partages d'ascendants, nous constatons qu'il n'est fait expressément aucune référence aux articles 826, 827 et 832, et que l'article 1076 se borne à renvoyer, pour l'application en être faite aux partages par actes entre-vifs et testamentaires, aux « formalités, conditions et règles prescrites pour les donations entre-vifs et testaments. »

Nous remarquons, en outre, que les articles 1078 et 1079 énumèrent trois causes de nullité : « Si le partage n'est pas fait entre tous les enfants qui existeront à l'époque du décès », si l'un ou plusieurs des

---

(1) Laurent, t. XV, n°s 60 et s., p. 71 et s. ; — Barafort, *Des partages d'ascendants*, 1870 ; — Réquier, *Des partages d'ascendants*, 1870 ; — Claudio Jannet, *3e appendice à l'Organisation de la famille*, de F. Le Play ; — Périer, *Rev. crit.*, année 1863, t. XXII, p. 319 et s. ; — Dubernet de Boscq, *Rev. crit.*, t. V, année 1854, p. 145 et s.

copartagés sont lésés de plus du quart dans leur part, « s'il résulte du partage et des dispositions faites par préciput que l'un des copartagés a un avantage plus grand que la loi ne le permet ». Omission d'un enfant dans le partage, lésion de plus du quart, atteinte à la réserve, telles sont les trois causes pour lesquelles la loi permet d'attaquer le partage d'ascendant. Il n'est pas fait mention d'une nullité basée sur l'inobservation des articles 826, 827 et 832.

43. — On nous répondra, non sans raison, qu'on se prévaut en vain des articles 1078 et 1079 pour dire que la loi a limitativement énuméré les causes de nullité et de rescision du partage descendant.

Pour que l'argument fût probant, en tant que résultant du texte, il faudrait que les articles précités fussent conçus d'une manière restrictive, ce qui n'est point, car ils se bornent à énoncer trois causes de nullité et de rescision, mais sans dire que ce sont les seules. Ce n'est là, continue-t-on, qu'un de ces arguments *a contrario* qui, par eux-mêmes, et s'ils ne sont pas appuyés sur les principes, n'ont rien de concluant.

Et nous sommes, sur ce point, pleinement d'accord avec les partisans de l'opinion contraire. Mais où sont ici les principes ?

On nous dit encore que l'abandonnement fait par l'ascendant n'est point une simple libéralité, un avancement d'hoirie, ayant un caractère provisoire, mais qu'il a le caractère d'un partage de succession, et qu'en conséquence, toutes les dispositions de cette matière qui ne sont pas exceptées et qui ne sont point contraires aux partages d'ascendants demeurent applicables. Et voilà bien, en effet, la question : les dispositions relatives au partage en nature ne sont-elles point contraires aux partages d'ascendants, ne sont-elles pas radicalement incompatibles avec cette institution ?

C'est bien encore la même question capitale qui est en jeu, lorsqu'on nous recommande de ne pas oublier qu'il s'agit, après tout, d'une institution qui n'a été réglementée que par six articles évidemment insuffisants et qui nécessitent, dès lors, un recours aux règles de droit commun en matière de partage. C'est ainsi, dit-on, que de l'avis général, on doit, bien que l'article 1079 ne le mentionne pas, appliquer l'article 891 du Code civil qui permet d'écarter la demande en rescision, en offrant et en fournissant au demandeur le supplément de sa portion héréditaire, soit en numéraire, soit en nature. On recourt de même au titre des successions pour déterminer les effets du partage, notamment en ce qui concerne la garantie et le privilège (art. 884 et 2103, § 3).

Nous comprenons fort bien ce raisonnement, mais à condition que l'on s'entende sur ce que l'on appelle les règles de droit commun en matière de partage de succession. Personne ne soutient que les dispositions des articles 826 et 832 sont des règles communes à tous les partages.

Tout le monde admet qu'elles ont été écrites spécialement pour les partages judiciaires, et qu'elles n'ont rien d'obligatoire pour les parties qui font un partage amiable d'attribution. La question qui se pose est donc bien la suivante : les partages d'ascendants sont-ils des partages assimilables aux partages judiciaires ? Sont-ils, au contraire, des partages d'attribution ?

44. — Les auteurs qui répondent affirmativement à la première question ne sont pas d'accord pour appliquer leur solution à la fois aux partages par actes entre-vifs et aux partages testamentaires.

Les uns (1), et la jurisprudence s'est aussi prononcée en ce sens, appliquent les articles 826 et 832 à tout partage d'ascendant, quelle que soit la forme légale qu'il emprunte, qu'il soit contenu dans une donation ou dans un testament.

Les autres (2) admettent leur application aux partages testamentaires, mais la repoussent en ce qui concerne les partages par actes entre-vifs.

Dans ce dernier système, on justifie la distinction entre les deux espèces de partage de la manière suivante :

Quand le père de famille distribue ses biens dans un partage testamentaire, il agit seul, sans avoir besoin du consentement des copartagés, de la part desquels, à raison même de l'acte employé, on ne saurait comprendre une intervention quelconque. Or, le père de famille, en procédant à ce partage de sa succession, remplit le rôle du juge ; il doit donc se conformer aux règles obligatoires pour ce dernier, relativement à la composition des lots, c'est-à-dire aux articles 826 et 832.

Quand l'ascendant a recours au partage par acte entre-vifs, il en est tout autrement. Ses descendants ont un rôle actif à jouer, car ils sont appelés à

(1) Troplong, t. IV, n° 2304 ; — Aubry et Rau, t. VIII, § 732, p. 22 ; — Demolombe, t. VI, n° 201.

(2) Duranton, t. IX, n° 658 ; — Genty, p. 147 et s. ; — Colmet de Santerre, t. IV, n° 243 *bis*, XVII ; — Béan, *Rev. prat.*, t. V, p. 166, et t. VIII, p. 356 ; — Arntz, *Journal du Palais*, 1853, t. XIX.

prendre part à une convention pour la formation de laquelle leur consentement est requis, à une donation pour la validité de laquelle la loi exige leur acceptation en termes exprès (art. 932 Code civ.).

Ce nouvel élément, à savoir le consentement des copartagés à la convention de donation-partage a une importance telle pour les partisans de ce système, qu'il leur paraît suscéptible de valider la dérogation faite par l'ascendant donateur aux dispositions des articles 826 et 832. La donation-partage forme un ensemble à toutes les parties et conditions duquel les copartagés majeurs et maîtres de leurs droits ont adhéré en pleine connaissance de cause. Et notamment leur acceptation d'une composition des lots, faite sans tenir compte des règles du partage en nature, est pleinement valable, et vaut de leur part renonciation à toute action en nullité de ce chef.

Le consentement des copartagés produirait donc, en quelque sorte, cet effet de transformer un partage quasi judiciaire en un partage où dominerait l'élément amiable, ce qui justifierait la non-observation de nos articles 826 et 832.

45. — A ce raisonnement, les partisans de l'application absolue de nos articles à tout partage d'ascendant adressent des objections.

On fait d'abord remarquer l'inconséquence qu'elle attribue au législateur, qui aurait soumis à la loi des successions l'ascendant partageant ses biens par testament, et qui, dès lors, ne lui aurait pas permis de distribuer inégalement ses diverses natures de biens, tandis qu'elle lui aurait laissé ce pouvoir, s'il a recours à un acte entre-vifs. S'il en était ainsi, dit-on, l'ascendant, pour éluder la loi des successions, n'aurait qu'à employer la forme de la donation. On conviendra que cette objection vise plutôt la loi que le système qu'elle n'attaque pas de front. Mais, de plus, elle n'a aucune valeur pour nous qui cherchons précisément à savoir si ce pouvoir de distribuer inégalement ses diverses natures de biens n'appartient pas essentiellement au père de famille dans tout partage d'ascendant.

46. — Mais l'objection fondamentale consiste à refuser toute valeur au consentement donné par les enfants au lotissement, et cela, pour deux raisons : d'abord parce qu'il n'est point libre, et ensuite parce qu'il porte sur une succession non ouverte.

D'abord, il n'est pas libre.

Sans doute, dit-on, la seule crainte révérentielle envers l'ascendant n'est point une cause suffisante d'annulation des conventions (art. 1114 Code civ.) ; mais il en est autrement, s'il vient s'y joindre la crainte d'exposer sa personne ou sa fortune à un mal considérable et présent (art. 1112).

Or, il est manifeste qu'une violence de ce genre existe à l'égard de l'enfant menacé de se voir privé de sa part dans la quotité disponible, s'il ne veut point accepter le partage, menacé même quelquefois de voir son droit héréditaire gravement compromis par l'ascendant irrité de son refus.

Mais, outre que ce raisonnement est injuste à l'égard du père de famille, il conduit à établir une sorte de présomption de nullité du consentement pour cause de violence pour toute une catégorie de conventions. Cela est illégal et « ne tendrait rien moins, dit fort justement M. Colmet de Santerre (1), qu'à

(1) *Cours analyt. de C. civ.*, t. IV, n° 243 *bis*, XVII, p. 462.

rendre impossible tout contrat, non seulement entre un père et son fils, mais entre une personne et son héritier présomptif. Celui-ci pourrait toujours attaquer l'acte sous prétexte qu'il a craint de mécontenter son parent et d'être privé par lui de sa succession. »

Sans doute, en fait, dans tel et tel partage, le consentement pourra être entaché du vice de violence, mais, comme dans toute autre convention, et suivant le droit commun, une preuve précise devra en être administrée, et comme l'article 1112 *in fine* le prescrit très sagement, le juge aura égard, en cette matière, à l'âge, au sexe et à la condition des personnes.

47. — Mais lorsqu'on en vient à objecter que le consentement des copartagés dans un partage par acte entre-vifs est sans valeur, parce qu'il porte sur une succession future, les partisans du système de l'application des articles 826 et 832 aux seuls partages testamentaires disent qu'on ne tient alors pas compte de l'article 1075 qui, autorisant le partage par donation entre-vifs, c'est-à-dire par convention, permet exceptionnellement le pacte sur succession future, ainsi que l'ont fait par exemple les articles 761 (1) et 918. « Bien plus, dit-on, on néglige de prendre en considération l'effet actuel et immédiat de la donation, on la traite comme ne devant avoir son effet qu'à la mort de l'ascendant, tandis que par le dépouillement actuel du donateur, les donataires sont investis de la propriété et partagent, par leur con-

(1) L'art. 761 C. civ. a été abrogé par la loi du 25 mars 1896 relative aux droits des enfants naturels dans la succession de leurs père et mère.

vention, non pas des biens dont ils seront copropriétaires dans l'avenir, mais un patrimoine qui leur appartient dès à présent, non pas une succession future, mais des biens actuellement acquis (1). »

48. — Ces lignes mettent en jeu la controverse qui s'agite sur la question de savoir quelle est la véritable nature du partage par donation entre-vifs. L'auteur que nous venons de citer adopte l'opinion qui voit dans cet acte un partage actuel, portant sur des biens présents. « L'ascendant, dit aussi M. Réquier, se dessaisit immédiatement des biens partagés et délivre à chacun de ses enfants, qui l'acceptent, la portion que le partage leur assigne. Dès cet instant, le partage est complètement et irrévocablement exécuté. Le partage testamentaire, au contraire, ne produit son effet qu'au décès du testateur. L'ascendant ne transmet actuellement à ses descendants aucun droit sur ses biens. Il indique seulement la manière dont sa succession devra être partagée entre ses héritiers lorsqu'elle sera ouverte par sa mort (2). »

Ainsi, si l'ascendant veut faire seulement un partage de sa succession future entre ses héritiers, il a recours à une disposition testamentaire ; s'il choisit la forme d'une donation entre-vifs irrévocable, c'est qu'il veut faire quelque chose d'actuel et de définitif.

Dans une autre opinion (3), l'ascendant qui fait la distribution de ses biens entre ses descendants par acte entre-vifs agit en vue et en considération du titre

---

(1) Colmet de Santerre, *op. cit.*, *ibid.*, p. 462.
(2) Réquier, *op. cit.*, p. 139.
(3) Genty, *Traité des part. d'ascend.*, p. 214 et s.

d'héritiers auquel ils sont appelés : c'est une donation entre-vifs contenant le partage anticipé de la succession du donateur. L'acte, en tant que donation, produit bien un effet actuel et immédiat en saisissant les donataires de la propriété des biens donnés, mais il ne vaudra comme partage de succession qu'au moment où la succession s'ouvrira et lorsque les enfants seront devenus héritiers.

On dit ainsi que la donation entre-vifs portant partage d'acendants a deux caractères : l'un actuel et certain, celui de la donation ; l'autre futur et éventuel, celui de partage de succession.

49. — Eh ! bien, cette divergence d'opinions n'a pas d'influence décisive, à notre avis, sur la controverse que nous présentons relativement à l'application des règles du partage en nature à tout partage d'ascendant, fait soit par acte entre-vifs, soit par testament.

Il est vrai que ceux qui voient dans le partage par acte entre-vifs le double élément actuel et futur que nous venons de rappeler seront amenés assez logiquement à considérer la convention qui intervient dans cette sorte de partage comme un pacte sur succession future interdit par la loi. Ils diront que si la loi autorise le partage, même par acte entre-vifs, de l'hérédité future de l'ascendant (voilà l'élément actuel et certain), il n'est aucun texte qui permette à l'enfant de renoncer, dès à présent, aux droits que la loi ne lui accordera sur cette hérédité, qu'au décès de l'ascendant. Et on réserve par là l'élément futur et incertain.

Et l'on comprend précisément parmi ces droits auxquels l'enfant ne peut renoncer l'égale répartition des diverses natures de biens, car, c'est bien là, dit-on, un droit de succession, tout comme l'égalité de quotité.

Ce n'est cependant pas, à notre avis, être inconséquent que d'admettre d'une part que le partage par acte entre-vifs constitue un partage actuel et irrévocable des biens donnés, et, d'autre part, que l'ascendant doit observer dans cette distribution les règles de la succession *ab intestat*. La loi, qui ne permet pas au père de déshériter ses enfants ni d'établir entre eux des inégalités arbitraires, ne l'a autorisé à faire un partage définitif et incommutable qu'à la condition de respecter leur droit héréditaire. « C'est précisément, dit justement M. Réquier (1), pour donner ce caractère à son partage qu'il s'est conformé à la la loi des successions.

« Il a donné d'avance à chacun tout ce qu'il aurait pu prétendre un jour dans les biens partagés, afin que personne n'eût rien à réclamer sur ces biens en qualité d'héritier. Bien loin d'avoir voulu faire un partage de sa succession, il a distribué actuellement et irrévocablement tout son patrimoine pour qu'il n'y eût aucun partage de succession à faire après sa mort. » Ce n'est donc qu'à la condition que l'ascendant respectera le droit héréditaire des copartagés que le consentement de ces derniers sera pleinement valable. C'est ainsi que, malgré l'acceptation de l'enfant, le partage est rescindable pour cause de lésion, et réductible en cas d'atteinte à la réserve. En un mot, l'ascendant peut bien repartir sa succession, avec le concours de son héritier, mais, pour que cette répartition et ce concours soient opposables à l'enfant au décès, il faut

(1) *Op. cit.*, p. 140.

que l'hérédité ait été distribuée conformément à la loi de succession; toute disposition contraire est nulle ou annulable à l'ouverture de la succession.

Telle est la conclusion que peuvent s'approprier légitimement et le système qui applique les règles du partage en nature à tout partage d'ascendant et le système qui ne les applique qu'au partage testamentaire.

Quant à nous, qui ne sommes pas engagé directement dans ce débat, puisque nous n'admettons ni l'un ni l'autre de ces deux systèmes, dont nous repoussons, au contraire, l'idée qui leur sert de base, nous sommes cependant en droit de conclure que la seule et unique question à résoudre consiste à savoir quand, soit dans un partage entre-vifs, soit dans un partage testamentaire, l'hérédité aura été distribuée conformément à la loi de succession, quand le droit héréditaire des copartagés aura été respecté.

Les règles du partage en nature font-elles partie de ce droit héréditaire auquel le père de famille doit se conformer dans la distribution de ses biens?

Les deux systèmes sus-énoncés, d'accord sur le principe, répondent affirmativement.

Le moment est venu de montrer que cette solution est erronée, qu'elle viole et le texte de la loi et son esprit, et qu'elle se trouve en opposition directe avec le fondement même de l'institution des partages d'ascendants.

50. — Bigot-Préameneu présenta au Corps législatif un exposé des motifs des dispositions relatives aux partages d'ascendants, dans lequel il s'attacha à mettre en relief en termes saisissants le rôle que le législateur entendait attribuer au père de famille,

quand ce dernier aurait recours à l'institution qu'il mettait à sa disposition.

Nous ne rappelons pas ici les précédents historiques, d'abord parce que l'ancien droit français, dans cette matière, ne présente pas d'uniformité de décisions dont on puisse argumenter (1). Ensuite, à supposer même que dans les coutumes, dites coutumes d'égalité, l'ascendant dût mettre autant que possible dans chaque lot, la même quantité de meubles et d'immeubles, comme on l'a répété sur l'autorité de Boullenois, l'institution du partage d'ascendant, telle qu'elle est sortie des mains du législateur de 1804, répugne à cette réglementation étroite, comme nous allons essayer de le démontrer dans les pages qui suivent.

Nous nous permettons de transcrire tout au long les passages saillants de ce discours qui vont nous fournir la base la plus solide de notre démonstration.

« ... Il est encore un autre genre de dispositions qui doit avoir sur le sort des familles une grande influence; ce sont les partages faits par le père, la mère ou par les autres ascendants entre les descendants; c'est le dernier et l'un des actes les plus importants de la jouissance et de l'affection des pères et mères.

« Ils s'en rapporteront le plus souvent à cette sage répartition que la loi elle-même a faite entre leurs enfants. Mais il restera souvent, et surtout à ceux qui ont peu de fortune, comme à ceux qui ont des biens dont le partage ne sera pas facile ou sera susceptible d'inconvénients, de grandes inquiétudes sur les dissensions qui peuvent s'élever entre leurs enfants.

(1) Lyon-Caen, *Du partage d'ascendant*, thèse, 1866, p. 133; — Dubernet de Boscq, *Rev. crit.*, t. V, année 1854, p. 145 et s.

Combien serait douloureuse pour un bon père l'idée que des travaux, dont le produit devait rendre sa famille heureuse, seront l'occasion de haines et de discordes? A qui donc pourrait-on confier avec plus d'assurance la répartition des biens entre les enfants, qu'à des pères et mères qui, mieux que tous les autres, en connaissent la valeur, les avantages et les inconvénients; à des pères et mères qui rempliront cette magistrature, non seulement avec l'impartialité de juges, mais encore avec ce soin, cet intérêt, cette prévoyance que l'affection paternelle peut seule inspirer?

« Cette présomption, quelque forte qu'elle soit en faveur des pères et mères, a cependant encore laissé des inquiétudes sur l'abus que pourraient faire de ce pouvoir ceux qui, par une préférence aveugle, par l'orgueil ou par d'autres passions, voudraient réunir la majeure partie de leurs biens sur la tête d'un seul de leurs enfants. Il a été calculé que plus les enfants seraient nombreux, et plus il serait facile au père d'accumuler les biens au profit de l'enfant préféré.

« Il eût été injuste et même contraire au but que l'on se proposait de refuser au père qui, lors du partage entre ses enfants, pouvait disposer librement d'une partie de ses biens, l'exercice de cette faculté dans le partage même. C'est ainsi qu'il peut éviter des démembrements, conserver à l'un de ses enfants l'habitation qui pourra continuer d'être l'asile commun, réparer les inégalités naturelles ou accidentelles; en un mot, c'est dans l'acte de partage qu'il pourra le mieux combiner, et en même temps réaliser la répartition la plus équitable et la plus propre à rendre heureux chacun de ses enfants.

« Mais si l'un des enfants était lésé de plus du quart,

ou s'il résultait du partage et des dispositions faites par préciput que l'un des enfants aurait un avantage plus grand que la loi ne le permet, l'opération pourra être attaquée par les autres intéressés » (1).

51. — Tout le monde est d'accord qu'il ressort de ces paroles que la loi entend conférer au père de famille, au moyen du partage d'ascendant, un pouvoir que le seul droit commun ne lui aurait pas reconnu. Ou plutôt elle consacre expressément par cette institution une application très légitime de la puissance paternelle.

Quelle est l'étendue de cette puissance dans l'application particulière dont il s'agit? Voilà le point sur lequel on est en désaccord, mais qui nous semble mis assez nettement en lumière dans ce discours de Bigot-Préameneu.

L'orateur, tout en rendant hommage « à la sage répartition des biens des pères et mères que la loi elle-même a faite entre leurs enfants », prévoit qu'elle ne suffira cependant pas à prévenir ni à écarter toute cause de haine et de discorde. Le motif principal, le motif classique, pour ainsi dire, qui justifie l'institution du partage d'ascendant non seulement dans notre législation actuelle, mais déjà dans le droit romain et dans l'ancien droit, c'est précisément d'empêcher la naissance de ces dissensions déplorables pour la paix des familles, dont l'expérience quotidienne nous révèle l'existence trop fréquente entre des enfants copartageants.

Pour parer à ce danger, le législateur tourne ses

(1) Trav. prép., Locré, t. XI, p. 414 et s.; — Fenet, t. XII, p. 566 et s.

regards vers le père et la mère, ou plus généralement, vers les ascendants dans l'autorité et l'affection desquels il trouve des garanties de nature à satisfaire le mieux possible la justice et l'égalité.

52. — Quelle est donc cette répartition de la loi à laquelle Bigot-Préameneu fait allusion, « sage répartition », mais cependant impuissante à remédier à tous les maux? C'est celle qui est régie par les règles établies au chapitre des partages de succession en général, c'est à proprement parler, le partage judiciaire. Or, nous savons que le législateur a institué le partage judiciaire, nous ne dirons pas en défiance du partage amiable que les cohéritiers opèrent eux-mêmes entre eux, mais parce que certaines situations réclamaient spécialement sa sollicitude, et lui faisaient un devoir de faire intervenir un arbitre dont l'impartialité s'imposerait à tous sans contestation possible, le juge.

Eh! bien, ce partage que le législateur s'était appliqué à entourer de tant de formalités pour garantir également tous les intérêts des copartageants, il reconnaît lui-même qu'il n'inspirera pas aux pères de famille qui songent à l'avenir, une confiance suffisante pour apaiser toutes « leurs inquiétudes sur les dissensions qui peuvent s'élever entre leurs enfants. »

Qu'est-ce donc qui, dans le partage judiciaire, ne satisfait pas le père de famille? Quelle est donc la cause de la méfiance de celui-ci à son égard?

Il n'est pas malaisé de la deviner sous les paroles de Bigot-Préameneu qui visent « surtout les pères de famille qui ont peu de fortune, ou qui ont des biens dont le partage ne sera pas facile, ou sera susceptible d'inconvénients ». Ce sont les règles du partage en nature qui sont mises par là en cause. Un exemple éclairera la pensée de l'orateur.

Un père de famille n'a qu'un petit domaine, outre quelque argent, à laisser en héritage à ses deux fils. Il prévoit qu'à sa mort ils ne s'entendront pas et auront recours au partage judiciaire. Le petit bien, à raison de son impartageabilité, sera licité, deviendra la propriété d'un étranger. C'est ce résultat que le père voudrait à tout prix empêcher. Il fait alors lui-même le partage de sa succession, soit par acte entre-vifs, soit par testament. Il attribue les immeubles à celui de ses fils qui lui paraît le plus capable de les mettre en rapport, et lotit son autre fils, dont les goûts le portent à chercher fortune dans le commerce par exemple, au moyen de l'argent existant dans la succession ou d'une soulte que devra lui payer son frère.

53. — « Les père et mère, dit Bigot-Preameneu, mieux que tous les autres, connaissent la valeur, les avantages et les inconvénients de leurs biens ».

Il faut entendre par là la valeur, les avantages et les inconvénients des biens, non pas d'une façon absolue, mais puisqu'il s'agit d'une répartition, d'un partage, d'une façon relative, par rapport aux enfants qui en seront lotis. Tel de leurs biens serait mis avec avantage dans le lot de tel de leurs enfants, tandis qu'il y aurait des inconvénients à ce que tel autre y fût placé. Les biens possèdent ainsi, aux yeux des parents, une valeur absolue, étrangère au lien qui les rattache à leur propriétaire, et une valeur relative qui tient au contraire aux rapports qui les unissent étroitement à leur détenteur.

La première, la valeur absolue, est la seule dont

le juge tienne compte dans le partage judiciaire. La loi le place, d'une part, en présence de biens de diverses natures ; d'autre part, en présence de plusieurs individus, êtres abstraits, à ses regards identiquement les mêmes et que rien ne différencie les uns des autres.

Elle lui défend, à proprement parler, de faire aucune acception de personnes. Mais elle appelle, au contraire, par des prescriptions particulières, son attention sur la matière partageable, c'est-à-dire sur les diverses natures de biens dont elle se compose. D'abord, pour sanctionner la conduite qu'elle lui prescrit de tenir à l'égard des copartageants, le juge devra les apportionner de chaque espèce de biens (art. 826, 1er alinéa, art. 832, 2e alinéa) : ainsi le veut l'égalité.

Mais nous avons vu que la loi, en considération des conséquences pratiques du principe, a dû en tempérer la rigueur par des restrictions basées sur des motifs à la fois d'intérêt privé et d'intérêt général, et se traduisant en fait par une sollicitude particulière pour une nature de biens, les immeubles. Qu'on le remarque bien, en effet : dans l'interprétation que nous avons proposée des articles 827 et 832, relativement à la licitation et à la composition des lots, nous avons respecté ce principe fondamental du partage judiciaire, dans l'état actuel de notre droit, à savoir que le juge ne connaît pas des copartageants : il ne connaît que des lots numérotés. Les solutions relatives à ces articles, que nous avons données à propos de l'examen de quelques décisions de jurisprudence, laissent au juge une latitude d'appréciation qui ne s'exerce jamais eu égard à des copartageants, êtres réels doués d'une vie inégalement conditionnée, mais eu égard aux biens eux-mêmes.

On comprend bien, d'ailleurs, que nous ne voulons pas entendre par là que le législateur a légiféré pour l'avantage des biens mêmes ; ce qui serait absurde et ne serait pas atteindre le but même de toute législation dont la fin dernière est de réglementer les choses pour le bien commun des individus formant la société. C'est précisément, au contraire, à ce point de vue général que la loi se place, dans la réglementation du partage judiciaire, considérant l'intérêt commun de cette petite collectivité qui comprend tous les copartageants, mais s'interdisant de la décomposer en ses éléments et de s'intéresser à chacun d'eux pris individuellement.

Ainsi, il pourra résulter du recours à la licitation, des diverses combinaisons destinées à éviter le morcellement que les copartageants obtiendront, à la suite du tirage au sort, des lots très différents les uns des autres, quant à la nature des biens qui les composent. En seront-ils satisfaits? en seront-ils mécontents? Ce n'est, en tout cas, ni eux-mêmes, ni le juge qu'ils pourront remercier ou accuser, mais le sort seul dont les chances sont égales pour tous.

54. — On comprend aisément que le père de famille qui connaît les différences multiples existant entre ses enfants, quant à leur caractère, quant à leurs aptitudes et leur position, quant à leurs besoins, leurs goûts et leurs convenances, se méfie d'un partage qui, à coup sûr, lui donne toutes les garanties désirables d'impartialité, mais auquel il reproche précisément son excès d'impartialité. Il est choqué de voir mettre sur un pied d'égalité, égalité apparente, hâtons-nous de le dire, quant à la distribution de ses biens, ses enfants si dissemblables entre eux. Il faut

faire un mérite au législateur de l'avoir compris et d'avoir confié aux père et mère cette « magistrature » qu'ils rempliront « non seulement avec l'impartialité de juges, mais encore avec ce soin, cet intérêt, cette prévoyance que l'affection paternelle peut seule inspirer. »

Eux seuls, en effet, peuvent tenir compte de cette valeur relative des biens qui sera plus ou moins élevée, suivant qu'ils seront plus ou moins bien mis en rapport par leurs détenteurs. L'intérêt public lui-même est ici en jeu, car n'est-il pas de l'intérêt de la communauté tout entière que les biens soient dans les mains de ceux qui savent en tirer le parti le plus avantageux? Encore, à ce point de vue, le législateur ne pouvait voir que d'un œil favorable l'intervention du père de famille.

Comment ce dernier va-t-il donc procéder à la distribution de ses biens pour remplir cette magistrature domestique que lui confère la loi ?

55.— Supposons qu'un père de famille veuille faire un partage anticipé de sa succession entre ses trois enfants, à savoir une fille mariée et deux fils, dont l'un s'adonne aux travaux de l'agriculture, l'autre occupe une situation commerciale. Les biens à partager comprennent une maison de commerce, des biens fonciers et des capitaux mobiliers.

La répartition se trouve par avance indiquée en quelque sorte par le lien moral que constituent la position sociale et les convenances de chacun des enfants et qui les rattache à telle catégorie de biens déterminée. Dans le lot du fils agriculteur, le père placera les biens fonciers ; il mettra le fils commerçant à la tête de la maison de commerce ; les valeurs mobilières, enfin, conviendront parfaitement à la fille dont le mari qui exerce, je suppose, une profession dite libérale, n'aurait ni le temps ni les aptitudes nécessaires pour faire produire aux immeubles leur maximum de rendement. Bien entendu, l'égalité en valeur exigera, s'il y a lieu, l'établissement de soultes.

Ce partage, encore bien qu'il ait été fait sans tenir compte des articles 826, 827 et 832, est, à notre avis, à l'abri de toute attaque de la part des copartagés, parce que le père, ne consultant que son affection et l'intérêt bien entendu de ses enfants, est considéré par la loi comme faisant un acte de magistrature domestique.

On conçoit bien, d'ailleurs, que le père de famille aurait pu, dans le même esprit, se livrer à telle ou telle autre combinaison, s'attacher à mettre dans chaque lot une égale quantité d'immeubles et de meubles. Il jouit à cet égard de la plus grande liberté, et son ingéniosité à composer les lots n'a d'autre limite que l'intérêt bien entendu de ses enfants. La loi ne veut lui imposer l'observation d'aucune autre règle relative à la répartition de ses diverses natures de biens, parce qu'elle présume que le « soin, l'intérêt, la prévoyance » qu'il apportera à cette tâche constituent la meilleure et suprême règle de la conduite d'un père de famille distribuant ses biens entre ses enfants.

En quoi son rôle différerait-il donc de celui d'un simple expert composant les lots sous le contrôle du magistrat, dans le partage judiciaire, s'il consistait à placer dans chacun d'eux, suivant une quantité plus ou moins égale, les diverses natures de biens?

Dans le partage judiciaire, cette façon de procéder trouve son corollaire logique dans le tirage des lots au sort. Or, dans le partage d'ascendant, personne n'a jamais soutenu que l'attribution des lots dût se faire par la voie du sort. Dans ces conditions, si, d'une part, on prive les enfants de l'égalité relative résultant du tirage au sort; si, d'autre part, on refuse au père la possibilité d'établir une autre égalité au moyen des diverses combinaisons qu'il imagine, ils retireront un avantage bien moindre du partage d'ascendant que du partage judiciaire. Ceci est un résultat inadmissible, puisqu'il détruirait l'utilité fondamentale du partage d'ascendant, à savoir la suppression, dans la mesure du possible, des causes de discordes entre cohéritiers. Le partage d'ascendant, les paroles de Bigot-Préameneu le prouvent surabondamment, consstitue un progrès à la fois sur le partage amiable que les cohéritiers opèrent eux-mêmes entre eux, et sur le partage judiciaire. C'est un bienfait pour la dispensation duquel le législateur s'en remet à la sagesse éclairée du père de famille. Qu'on ne le transforme pas, par une fausse interprétation de la loi, en une source d'inconvénients et de maux pour les cohéritiers.

56. — Nous avons parlé de l'égalité apparente ou tout à fait relative qui résulte du tirage au sort, et d'une autre égalité que le père aurait mission précisément d'établir lui-même entre ses enfants.

Supposons, par exemple, qu'un père de famille cultivateur fasse le partage de sa succession entre ses deux enfants, un fils et une fille. Il attribue tous ses biens immeubles au fils. Ce dernier, qui a été, dès sa jeunesse, l'associé de ses travaux, l'a aidé à les exploiter, a contribué à les améliorer, et son attachement pour un bien auquel il a consacré peut-être des années de laborieux efforts garantit qu'il saura encore dans l'avenir en tirer le parti le plus avantageux. La fille sera lotie au moyen de capitaux, et. s'il y a lieu, d'une soulte mise à la charge de son frère.

Cette combinaison conviendra le plus souvent au gendre qui, établi au loin, aura intérêt à recevoir de l'argent, pour l'employer dans son commerce ou dans sa propre exploitation rurale, plutôt que des immeubles éloignés de sa résidence. Il arrivera même fréquemment qu'au moment de faire le partage, le père avait depuis longtemps constitué à sa fille une dot en argent. S'il y a un autre enfant, un fils, par exemple, qui a quitté la maison paternelle pour suivre une profession dite libérale ou exercer un commerce, le même lotissement se présentera à l'esprit du père.

Ce fils n'aurait sans doute que faire de lopins de terre situés au loin, tandis qu'il a besoin de capitaux.

57. — On a prétendu que les paroles de Bigot-Préameneu visaient uniquement le cas où l'ascendant use dans le partage de la faculté qui lui appartient de conférer un avantage préciputaire à l'un des copartagés. « Sans doute, dit-on, l'ascendant peut, en joignant les quotités héréditaire et préciputaire, prévenir des morcellements, transférer, par exemple, à l'un de ses enfants dans son intégrité l'habitation paternelle si elle représente les deux valeurs réunies. Mais est-ce à dire pour cela que l'ascendant puisse transmettre tous ses immeubles à son enfant préféré, alors même qu'ils seraient commodément partageables ? M. Bigot-Préameneu ne le prétend point, et rien ne montre que ce soit sa pensée (1). »

---

(1) *Pand. franç.*, v° *Donat. et testam.*, n° 11418, et les auteurs cités.

Il est loisible, en effet, au père de famille faisant un partage de sa succession d'user de la quotité disponible en faveur d'un de ses enfants. Ce pourra être de sa part un témoignage de particulière affection, ou un moyen de récompense. Ce sera bien souvent aussi le résultat d'une sage prévoyance dont les bons effets, dans la pensée du père, doivent se faire sentir non pas pour un seul, mais pour tous ses enfants.

Ainsi, dans l'exemple que nous avons pris plus haut d'un père de famille cultivateur qui, s'étant associé l'un de ses fils, place dans son lot tous les biens immeubles, il peut arriver que, faute de capitaux suffisants pour lotir les deux autres enfants, celui-là soit chargé de soultes en argent assez lourdes au profit de ces derniers. Pour lui faciliter la libération de ses paiements, le père lui fera donation de la quotité disponible. Fréquemment encore cette libéralité trouvera sa cause dans la stipulation que le fils donataire de la quotité disponible devra nourrir et entretenir les parents qui demeurent avec lui sur le bien patrimonial. Enfin elle pourra être inspirée au père, comme le dit Bigot-Préameneu, par le désir de conserver à l'un des enfants l'habitation qui pourra continuer d'être l'asile commun. Les enfants établis au dehors sont-ils atteints par le malheur et la mauvaise fortune, ils reviendront à la maison des ancêtres toujours prête à leur servir de refuge : là ils pourront rester ou se recueillir et reprendre des forces pour tenter un nouvel effort.

58. — Voilà bien, en effet, la situation que Bigot-Préameneu prévoit spécialement. Mais on a tort d'affirmer que sa pensée n'a pas une portée plus

grande. Bien au contraire, ce n'est qu'un exemple, une illustration de la grande latitude dont jouit le père de famille dans la composition des lots, et qui est limitée seulement par le respect de la réserve. Le passage qui précède celui où l'orateur prévoit la donation de la quotité disponible, et que nous avons analysé et suivi pour ainsi dire pas à pas, le prouve clairement, et les termes dans lesquels il s'exprime aussitôt après, pour se résumer, ne laissent pas de doute sur la portée générale de sa pensée. « En un mot, dit-il, c'est dans l'acte de partage qu'il pourra le mieux combiner et en même temps réaliser la répartition la plus équitable et la plus propre à rendre heureux chacun de ses enfants. »

L'équité, le bonheur de chacun de ses enfants, tel est le but élevé dont la recherche légitime oblige à laisser au père la plus grande liberté dans la combinaison et la répartition des biens. Qu'aucune règle ne vienne maladroitement et inopportunément le gêner dans ses mouvements : l'étude et la connaissance du caractère, des goûts, des aptitudes, des besoins de chacun de ses enfants constituent sa règle et la base en quelque sorte sur laquelle il répartit ses biens.

Le partage judiciaire et le partage d'ascendant se proposent, à vrai dire, également le bonheur des cohéritiers ou, si l'on veut, la satisfaction de leurs intérêts. Mais, dans le partage judiciaire, on les considère en bloc, les copartageants étant supposés, d'une façon abstraite, identiquement semblables les uns aux autres.

Dans le partage d'ascendant, le père de famille considère naturellement ses enfants individuellement, et, si son affection s'étend à tous, et a sa source commune dans la paternité, elle se manifeste de diverses façons suivant l'enfant qui en est l'objet.

Pourquoi? parce que les hommes en général, les enfants d'un même père en particulier, sont par nature dissemblables entre eux. Eh! bien, dans le partage d'ascendant, œuvre d'affection du père de famille, ce sont ces dissemblances naturelles ou développées ou créées par les circonstances qui le guident et le déterminent dans l'attribution de tel ou tel bien à tel ou tel enfant.

Tel enfant a des goûts sédentaires et s'adonne à l'agriculture, tel autre s'est senti attiré vers le commerce et les entreprises lointaines, ses aptitudes intellectuelles et son tour d'esprit ont destiné tel autre à l'exercice de la profession de médecin ou d'avocat ou à une place quelconque de fonctionnaire, ou enfin, il s'agit d'une fille pour laquelle la possibilité du mariage dépend, dans une grande mesure, en l'état de nos mœurs, de la plus ou moins grosse dot en argent comptant qu'elle pourra annoncer. Le père de famille s'attachera à plier la distribution de ses biens à cette diversité de besoins et de goûts, à adapter toutes les parties de son patrimoine, les différentes espèces de biens qui le composent à chacune des situations dans laquelle se trouve ou par choix, ou par la force des choses, chacun de ses enfants. Il cherchera de cette façon, dans la mesure de ses moyens, à leur donner en quelque sorte le meilleur point d'appui matériel qui doit leur servir à tendre vers le but visé, à conserver la position acquise, à la reconquérir, si elle a été perdue. C'est bien à ce résultat que Bigot-Préameneu fait encore allusion lorsque, dans la péroraison de son Exposé des motifs sur le titre des Donations entre-vifs et des Testaments, il dit que les parents « jouiront de la plus douce consolation, en distribuant entre leurs enfants, de la manière qu'ils jugeront le plus convenable au bonheur de chacun d'eux, des biens qui sont le plus souvent le produit de leurs travaux. »

59. — On voit que l'on joue véritablement sur les mots, lorsque, sous prétexte que le juge, dans le partage judiciaire, et le père de famille, dans le partage d'ascendant, remplissent tous les deux une magistrature, on prétend les assimiler pour imposer au second l'observation de règles prescrites expressément pour le premier. On méconnaît la différence fondamentale, basée sur la nature même des choses, qui existe entre ces deux magistratures. Le juge n'est tenu qu'à observer une égalité de valeur entre des copartageants qu'il ne connaît pas, qu'il ne doit pas connaître, et se trouve plus à l'aise dans le rôle impersonnel qui lui est confié par la loi de faire respecter les règles du partage en nature en ce qu'elles touchent au régime des biens. Le père de famille est soucieux, au contraire, d'écarter cette égalité mathématique qui n'est qu'apparente, parce qu'elle part d'une supposition fausse, à savoir l'identité des unités copartageantes. Son point de départ est que les copartageants sont essentiellement dissemblables entre eux. En conséquence, les diverses natures de biens doivent être adaptées à ces différences dans les individus, de telle sorte qu'à la diversité dans les copartageants corresponde, dans la mesure du possible, la diversité dans les biens répartis, et cela non pas pour différencier encore davantage les copartageants, mais dans le but, au contraire, d'égaliser les chances entre eux, en mettant à leur disposition des

moyens proportionnés au but que chacun d'eux poursuit dans la vie. C'est là la véritable égalité qu'il s'agit d'obtenir entre des individus réels, vivants, qui ne peuvent avoir de commune mesure, parce qu'ils diffèrent entre eux, et c'est celle que le père de famille a pour mission d'établir au moyen d'une sage répartition des diverses natures de biens qui composent son patrimoine.

60. — Au reste, cette confiance que la loi place dans le père de famille est illimitée seulement en ce qui touche la composition des lots en diveres natures de biens, mais est très limitée, au contraire, quand il s'agit de leur quotité, de leur valeur pécuniaire. La loi a cru devoir ici borner étroitement ses pouvoirs et accorder aux enfants des droits sur sa succession qu'il ne peut méconnaître.

La loi pouvait même, sans craindre d'abus, lui laisser une liberté d'autant plus grande dans la distribution de ses diverses natures de biens, pour le plus grand bonheur de ses enfants, qu'elle la restreignait d'une façon notable quant à la répartition des quotités. « Mais, si l'un des enfants, dit Bigot-Préameneu, était lésé de plus du quart, ou s'il résultait du partage et des dispositions faites par préciput que l'un des enfants aurait un avantage plus grand que la loi ne le permet, l'opération pourra être attaquée par les autres intéressés. »

La lésion de plus du quart, l'atteinte à la réserve, tels sont les deux cas de rescision et de réduction que l'orateur mentionne expressément comme trouvant leur application aux partages d'ascendants. Ces deux actions en rescision et en réduction mettent en jeu la valeur pécuniaire des lots, elles ont pour objet de faire obtenir aux enfants copartagés la quotité à laquelle ils ont droit sur la succession de leurs parents, et sont communes à tout partage. Il est impossible de ne pas reconnaître que Bigot-Préameneu établit ainsi une opposition entre ces restrictions à la puissance du père et la latitude dont il jouit quand c'est la nature des biens qui est seule en cause : dans ce cas, le père de famille peut « combiner et réaliser la répartition la plus équitable et la plus propre à rendre heureux chacun de ses enfants. »

Telle est bien l'intention du législateur, telle qu'elle s'est traduite dans l'article 1079, dont les termes reproduisent presque littéralement ceux de Bigot-Préameneu. « Le partage fait par l'ascendant pourra être attaqué pour cause de lésion de plus du quart ; il pourra l'être aussi dans le cas où il résulterait du partage et des dispositions faites par préciput que l'un des copartagés aurait un avantage plus grand que la loi ne le permet. »

61. — Si maintenant on se reporte au rapport présenté au Tribunat par Jaubert, dans la séance du 9 floréal an XI (1), les mêmes conclusions se dégagent des paroles de l'orateur. « Les pères et mères, dit-il, auront encore un autre moyen d'établir l'ordre dans la famille. Ils pourront distribuer leurs biens entre leurs enfants par acte entre-vifs ou testamentaire. » L'ordre, c'est l'équilibre, ce sont les proportions gardées, conditions que le père de famille cherche à réaliser entre ses enfants, en attribuant à propos à

(1) Trav. préparat., Locré, t. XI, p. 480 et s. ; — Fenet, t. XII, p. 616 et s.

chacun l'espèce de biens de nature à contribuer le mieux à son bonheur et à son succès dans la vie.

« La loi, dit encore Jaubert, présume toujours bien du jugement du père de famille. Néanmoins, si une erreur était échappée à l'ascendant, ou si une injustice lui avait été arrachée, le partage pourrait être attaqué pour cause de lésion..... ». L'orateur passe alors en revue le cas de lésion de plus du quart et celui d'atteinte à la réserve, sur le fondement desquels le partage pourrait être attaqué. Et il conclut ainsi : « Voilà tout ce que la loi a cru devoir établir de spécial, pour les dispositions entre enfants et ascendants, au moins hors contrat de mariage. » Ces termes sont assez significatifs après un passage où non seulement il n'est point question d'une nullité basée sur la violation des articles relatifs au partage en nature, mais qui suppose, au contraire, implicitement, il est vrai, mais assez clairement que l'observation de ces règles serait pour le père de famille une entrave à sa mission d'affection et de prévoyance d'établir l'ordre dans la famille.

L'objection consistant à dire que si le chapitre des partages d'ascendants ne mentionne que certaines causes de nullité, il sous-entend celles qui sont communes à tout partage de succession et qui sont de leur essence, perd ainsi toute sa valeur, car nous espérons avoir montré que la base sur laquelle elle reposait est fausse. Le partage, nous l'avons déjà dit, considéré d'une façon absolue, devrait bien se faire suivant une stricte répartition des biens en nature et en valeur : en ce sens, il est vrai de dire que les règles du partage en nature sont de l'essence des partages. Mais, en fait, la loi tempère cette rigueur dans l'institution du partage d'ascendant.

62. — La majorité des auteurs et la jurisprudence apportent à leur doctrine de l'application des articles concernant le partage en nature aux partages d'ascendants des restrictions importantes qui en atténuent dans une grande mesure la rigueur et les inconvénients.

Tout d'abord, on déclare que les ascendants doivent observer les articles 826 et 832, mais on ne les tient pas pour obligés de se conformer à l'article 827.

On autorise le père de famille à placer dans un lot l'immeuble impartageable. La loi, dit-on, en permettant aux parents de partager leur succession entre leurs enfants, a dû leur laisser les moyens nécessaires pour atteindre ce but. Si leur patrimoine comprend une usine, une manufacture, c'est-à-dire un immeuble dont la division est sinon impossible, du moins ne se fera pas sans entraîner une dépréciation considérable, la loi a-t-elle entendu les obliger à recourir au procédé que l'on emploie en pareil cas, dans le partage judiciaire, à savoir la licitation? Si on répond affirmativement, on impose ainsi aux copartagés les frais élevés d'une licitation, et si l'un des enfants est mineur ou interdit, l'article 839 C. civ., exigeant l'admission des étrangers, on risque de faire sortir de la famille un bien que le père avait peut-être reçu lui-même de ses ancêtres et qu'il avait à cœur de transmettre à son tour à l'un de ses enfants. C'est dénaturer le patrimoine du père contre son gré, et au détriment de ses enfants. Le législateur a-t-il voulu consacrer un tel résultat? A-t-il délaissé les enfants dans la conjoncture la plus périlleuse pour l'harmonie de la famille, que le partage d'ascendant a cependant pour but d'assurer? Non. Le législateur, soucieux de ne pas créer des situations impraticables, a dû autoriser implicitement l'ascendant à procéder par une voie analogue à celle de la licitation : ce dernier pourra légitimement attribuer à un seul enfant l'immeuble impartageable et ainsi transformer en numéraire les droits en nature des autres. Le but de la licitation se trouvera ainsi atteint sans frais et pour le plus grand avantage des enfants.

63. — Quelques auteurs (1), cependant, n'ont pas reculé devant les graves inconvénients que nous venons d'indiquer et déclarent que toutes les règles concernant le partage en nature, l'article 827 aussi bien que les articles 826 et 832, doivent s'appliquer aux partages d'ascendants. Le père de famille se trouvera dans l'alternative, quand son patrimoine comprendra un immeuble impartageable, ou de recourir à la licitation, ou bien, si ce procédé lui répugne, de laisser en dehors du partage le bien qui alors, aux termes de l'article 1077, sera partagé au décès conformément à la loi, c'est-à-dire si les parties ne se trouvent pas dans les conditions nécessaires pour procéder à un partage amiable, suivant les règles du partage judiciaire. Les partisans de cette opinion ne se reconnaissent pas le droit de faire un choix parmi les règles du partage en nature pour appliquer les unes au partage d'ascendant et écarter les autres.

De plus, ils reprochent à l'opinion contraire d'aggraver singulièrement la situation de l'enfant attributaire de l'immeuble impartageable. On l'oblige, en somme, disent-ils, à acheter à des conditions qui peuvent être très lourdes, si le bien est d'une valeur

---

(1) Genty, p. 146 ; — Colmet de Santerre, t. IV, n° 213 *bis*, XIX ; — Lyon-Caen, thèse, 1866, p. 211.

telle que les soultes, qu'il est tenu de payer aux autres copartagés, égalent ou dépassent même ses ressources.

64. — Pour ce qui est de cette dernière critique, nous répondrons que la loi laisse à la prévoyance du père de famille le soin de donner la quotité disponible à l'enfant chargé de soultes onéreuses et de réparer ainsi l'inégalité qui pourrait résulter de l'attribution de l'immeuble à un seul. Mais si, en fait, l'attributaire du bien impartageable, même bénéficiaire d'un préciput, se trouve encore dans une situation désavantageuse, la faute en est bien ici à la loi qui accorde au père une quotité disponible trop restreinte.

Mais nous devons reconnaître que ces auteurs sont logiques dans leur système quand ils admettent l'application au partage d'ascendant de l'article 827. Les articles 826, 827 et 832 forment un ensemble de règles inspirées par le même esprit, qu'il est absolument arbitraire de décomposer pour ne prendre que ce qui convient le mieux à la théorie que l'on a adoptée.

Les motifs sur lesquels les partisans de la première opinion se fondent pour repousser l'application de l'article 827 sont très raisonnables, et nous éprouvons d'autant moins de scrupules à nous les approprier qu'ils sont conformes aux conclusions que l'étude des travaux préparatoires nous a amené à formuler sur les pouvoirs que la loi a accordés à l'ascendant opérant le partage de ses biens entre ses descendants.

Nous sommes d'accord avec ces auteurs pour dire qu'elle a dû mettre à sa disposition les moyens nécessaires pour réaliser cette fin, et nous écartons l'article 827. Mais nous n'avons pas besoin pour cela de recourir à ce subterfuge de paroles qui consiste à présenter l'attribution d'un immeuble impartageable à un seul copartagé comme un procédé analogue à la licitation.

Quand il s'est agi des articles 826 et 832, on a parlé d'analogie entre la magistrature du juge et celle du père de famille, et cette raison spécieuse a servi à motiver leur application au partage d'ascendant. Maintenant, un autre argument d'analogie sert à obtenir un résultat tout opposé, à repousser une règle du partage en nature aussi obligatoire pour le juge que les premières. Ces arguments d'analogie contradictoires montrent la fausseté du point de vue auquel on se place pour juger du rôle du père de famille dans le partage d'ascendant.

Le juge tient de la loi seule les pouvoirs qu'il doit exercer strictement suivant les règles qu'elle lui trace. La loi reconnaît la « douce magistrature » du père bien plus qu'elle ne la crée. Elle en consacre plutôt une application naturelle en instituant le partage d'ascendant. Une affection prévoyante pour ses enfants, tel est le vrai fondement de sa magistrature. On ne peut pas parler d'analogie entre deux institutions si profondément différentes dans leur base, et dont l'une a précisément pour but de remédier aux insuffisances de l'autre.

L'argument qui fait écarter l'application de l'article 827, s'il présente un caractère de moindre urgence quand il s'agit des articles 826 et 832, n'en conserve pas moins toute sa valeur pour les faire repousser également de la matière des partages d'ascendants. Pour qu'une institution juridique produise son maximum d'effet, il est nécessaire d'appliquer toutes les conséquences que commande l'esprit qui la domine et en est la raison d'être.

Nous verrons cependant, dans un instant, par la revue de la jurisprudence, comment les tribunaux ont su concilier avec le point de départ de leur doctrine des conséquences tout opposées, mais dont l'utilité pratique s'imposait invinciblement à leur sagesse.

65. — L'ascendant a d'ailleurs un moyen facile d'éviter les inconvénients de la jurisprudence, c'est d'enlever par une clause pénale la part dans la quotité disponible de celui ou de ceux de ses enfants qui se plaindraient de la composition et de la répartition des lots. La clause pénale est valable et obligatoire quand elle est simplement destinée à maintenir un partage d'ascendant exécuté en violation des règles des articles 826 et 832. Ces dernières devraient revêtir le caractère de règles d'ordre public, pour que la clause pût être considérée comme non écrite par application de l'article 900 du Code civil.

La jurisprudence (1) considère que ces dispositions n'intéressent pas l'ordre public, mais ne touchent qu'à des intérêts privés. Elle fait remarquer qu'au contraire, en matière de donation et de partage, les dispositions relatives à la réserve légale sont d'ordre public, et qu'une clause pénale ayant pour but d'as-

(1) Cass. Req., 26 juin 1882; Dall., 83, 1, 70; Sir., 85, 1, 118; — Cass. Req., 27 nov. 1867; Sir., 68, 1, 65; — Poitiers, 20 fév. 1861; Dall., 61, 2, 93; Sir., 61, 2, 466. — Cf. Cass. Civ., 15 février 1870; Sir., 70, 1, 261; Dall., 70, 1, 182.

surer le maintien d'un lotissement portant atteinte à cette réserve tomberait sous le coup de la loi.

Le père de famille, pouvant disposer directement et sans condition de la quotité disponible de ses biens, est donc libre d'en disposer éventuellement en faveur de celui de ses héritiers qui respecterait le partage, dans le cas où il serait attaqué par un autre pour composition irrégulière des lots.

Suivant la jurisprudence, il est vrai que l'ascendant n'aurait même plus cette ressource, s'il avait déjà épuisé auparavant la quotité disponible.

Nous devons faire remarquer qu'en approuvant cette jurisprudence très sage qui considère les articles 826 et 832 comme n'intéressant pas l'ordre public, nous ne contredisons pas les idées que nous avons émises lors de l'interprétation de ces textes. Nous nous sommes déjà expliqué sur ce point, et avons dit, à propos du partage amiable, comment et en quel sens nous entendions que l'intérêt public était en jeu. Nous avons reconnu qu'il ne s'agissait pas, en ce qui concerne le partage judiciaire, d'une loi d'intérêt public proprement dite, et qu'en tout cas elle n'est pas obligatoire pour les particuliers dans les partages amiables. Pour nous qui reconnaissons au pouvoir du père de famille la même force qu'au consentement unanime des parties dans le partage amiable, ce que nous avons dit au sujet des partages amiables s'applique aussi bien aux partages d'ascendants (39).

66. — La jurisprudence repousse encore l'application des articles 826 et 832 dans le cas suivant qui suppose un partage par acte entre-vifs. Au lieu de procéder lui-même à la répartition de ses biens,

l'ascendant peut se borner à en faire une donation collective à ses enfants, à chacun pour sa part aliquote, en leur laissant le soin de les partager ultérieurement, sans son concours.

Il est bien entendu, toutefois, que si, parmi les donataires, il se trouve des mineurs ou autres incapables, ils ne peuvent concourir à un partage amiable sans la direction de l'ascendant. Ce dernier doit alors leur attribuer des lots divis, et ensuite, s'il lui plaît, un lot indivis aux enfants capables qui procéderont à la division ou à la licitation entre eux, en l'absence de l'ascendant donateur (1).

Lorsqu'il se sera écoulé un certain délai entre la donation collective et le partage, la jurisprudence admet que les dispositions des articles 826 et 832 ne seront plus applicables ; le partage deviendra l'œuvre propre et exclusive des enfants, qui arrangeront les choses à leur convenance, comme ils pourraient le faire si l'ascendant n'était plus. Dès lors, dit-on, le mode de lotissement et la distribution des biens ne seront plus susceptibles d'être critiqués.

On a bien soin, d'ailleurs, de faire remarquer que le partage fait entre les enfants sans le concours de l'ascendant, pour être à l'abri de toute critique à raison de l'inobservation des articles 826 et 832, doit être une opération loyale, et réellement convenue en dehors et sans l'influence de l'ascendant, car si le partage cachait une convention imposée par le père

---

(1) Cass. Req., 16 juillet 1883 ; Dall., 84, 1, 390 ; Sir., 85, 1, 427 ; — Cass. Req., 16 nov. 1885 ; Dall., 86, 1, 396 ; Sir., 86, 1, 454 ; — Cass. Civ., 29 janv. 1877 ; Dall., 77, 1, 105 ; Sir., 77, 1, 199 ; — Limoges, 2 juillet 1877 ; Dall., 78, 2, 53 ; Sir., 78, 2, 203 ; — Cass. Req., 2 juillet 1878 ; Dall., 78, 1, 463.

de famille le jour même et comme condition de sa donation, les deux actes formeraient un tout indivisible soumis aux conditions de validité exigées pour le partage d'ascendant.

Cette dernière remarque indique à quelle préoccupation le père de famille obéit souvent quand il scinde ainsi le partage par acte entre-vifs en deux opérations distinctes : d'une part, une donation collective de ses biens; d'autre part, un partage entre ses enfants, auquel il n'intervient pas ou est censé ne pas intervenir.

Voilà donc le procédé, ou plutôt le subterfuge auquel l'oblige à avoir recours la jurisprudence, pour échapper aux dispositions des articles 826 et 832. Il sait que la distribution de ses biens, qu'il opèrerait lui-même sans en tenir compte, pourrait être attaquée pour violation de la loi. Sa prévoyance, son affection pour ses enfants sont ingénieuses à trouver quand même un moyen de lui faire recouvrer cette liberté de mouvement qui lui semble indispensable pour réaliser, dans la mesure du possible, leur bonheur par la répartition de ses différentes espèces de biens. Mais comme on ne peut faire indirectement ce que la loi défend de faire directement, s'il est prouvé que la seconde opération, l'acte de partage fait apparemment par les enfants seuls, n'est en somme que l'œuvre cachée de l'ascendant, sa fraude sera déjouée, et ses efforts auront été vains pour se débarrasser des entraves qu'on veut lui imposer.

Ces entraves, c'est une jurisprudence erronée qui les lui crée, ce n'est pas la loi. Cette dernière n'a pas mis obstacle à la mission de prévoyance du père de famille; elle s'est reposée, au contraire, sur lui, du soin de faire mieux, dans l'intérêt des enfants, que les articles 826 et 832 eux-mêmes.

Que l'on remarque spécialement la bizarrerie de cette doctrine, au cas où, parmi les donataires, il se trouve des mineurs ou autres incapables : l'ascendant devra faire lui-même un partage partiel en ce qui les concerne et se conformer strictement aux dispositions du partage judiciaire, tandis que les enfants capables, faisant eux-mêmes entre eux un partage amiable des biens dont ils sont donataires collectifs, pourront s'en dispenser et consulter leurs propres convenances, besoins et aptitudes. Ne fait-on pas aux enfants mineurs une situation désavantageuse en face de celle de leurs frères et sœurs, en ne permettant pas au père de famille de consulter aussi en toute liberté leurs goûts et leurs besoins dans le lotissement qu'il leur attribue lui-même?

67. — Les nombreuses décisions par lesquelles la jurisprudence a eu à statuer sur l'applicabilité des articles 826 et 832 aux partages d'ascendants visent toutes la même situation : il s'agit de partages dans lesquels le père de famille a attribué ses immeubles en tout ou en partie à l'un de ses enfants, encore bien qu'ils fussent partageables, et a loti les autres au moyen de valeurs mobilières ou de soultes en argent. La dérogation aux règles du partage en nature consiste donc à ne pas composer les lots d'une égale quantité d'immeubles et de meubles, et ainsi à ne pas tenir compte de la prescription de l'article 832, 2e alinéa, en tant, bien entendu, que le premier alinéa lui-même n'y fait pas obstacle. Car il est d'autre part remarquable que le partage n'est jamais attaqué pour violation de la part de l'ascendant de l'article 832,

1er alinéa : loin de vouloir morceler son héritage, un des premiers soucis de l'ascendant, spécialement du petit cultivateur, est d'éviter cette division de ses immeubles qu'il considère comme nuisible aux intérêts de ses enfants. Le partage d'ascendant nous semble, sous ce rapport, réaliser très bien le vœu du législateur dont nous connaissons la sollicitude pour le maintien de la petite propriété foncière (21, 29).

68. — La jurisprudence de la Cour de cassation est fixée, depuis longtemps, dans le sens de l'application des articles 826 et 832 aux partages d'ascendants. Mais quelques Cours d'appel se sont prononcées en sens contraire, et il est intéressant de voir l'évolution qu'ont subie elles-mêmes celle de la Cour de cassation et à sa suite celle des Cours d'appel.

Un arrêt de la Cour de Grenoble du 14 août 1820 (1) adoptait franchement notre doctrine qui soutient que le père de famille jouit d'un pouvoir propre, à lui délégué directement par la loi, de distribuer ses biens entre ses enfants, pour leur plus grand avantage. Nous reproduisons les motifs de cet arrêt qui expriment avec beaucoup de netteté cette idée que nous nous sommes efforcé de mettre en lumière, avec le secours des travaux préparatoires. « Attendu que le législateur, dans le chapitre qui traite des partages d'ascendants, n'ayant point prescrit de règles spéciales, il faut admettre qu'il s'est entièrement confié aux ascendants sur la manière de faire la distribution de leurs biens; qu'il les a rendus seuls arbitres sur le point de décider si leurs immeubles ne peuvent pas se partager commodément; et, si le morcellement

(1) Dalloz, *Rép.*, vº *Disposit. entre-vifs et testament.*, nº 4486.

peut être nuisible, de compenser alors l'inégalité des lots par des retours en argent, et même pouvoir faire, lorsque les cas l'exigent, une licitation, de telle manière qu'un des copartageants ait dans un lot tous les immeubles, et que les autres ne reçoivent que de l'argent; qu'il les a rendus maîtres enfin de distribuer leurs biens ainsi qu'ils le jugeront convenable pour l'avantage de chacun des enfants et suivant leur position (1). »

L'arrêt fut l'objet d'un pourvoi et fut cassé par la Chambre civile le 16 août 1826 : « Considérant, dit la Cour de cassation, qu'il résulte des articles 1075 et suivants que les règles qui tiennent essentiellement à la nature des partages, notamment celle de l'égalité entre les copartageants, doivent être observées dans les partages d'ascendants comme dans les autres partages; qu'il est visible que cette égalité serait détruite, si le père de famille, qui possède un ou plusieurs immeubles susceptibles de division, pouvait arbitrairement donner la totalité à l'un de ses fils et réduire les autres à une condition moins avantageuse, en ne leur assignant qu'une part en argent; qu'il suit que le père de famille faisant un partage anticipé doit distribuer entre ses enfants tous ses immeubles, à moins que ces propriétés ne soient impartageables ou ne puissent être morcelées sans inconvénient (2) ».

Ainsi la Cour de cassation pose en principe que les dispositions des articles 826 et 832 tiennent essen-

---

(1) Dalloz, *Rép.*, v° *Disposit. entre-vifs et testament.*, n° 4486. — *Adde* Nîmes, 11 fév. 1823; Dall., *Rép.*, *ibid.*; — Grenoble, 25 novembre 1824; — Dall., *Rép.*, *ibid.*

(2) Dall., *Rép.*, v° *Disposit. entre-vifs et testam.*, n° 4492. — *Adde* Cass. Req., 12 avril 1831; Dall., *ibid.*, n° 4456; Sir., 32, 1, 839.

tiellement à la nature des partages. Pourquoi? Parce qu'elles ont pour but de sauvegarder l'égalité entre les copartageants. Les partages d'ascendants ne sauraient donc être dispensés de leur observation. — Nous savons ce qu'il faut penser de ce raisonnement. Il repose sur l'idée trop étroite et nécessairement fausse que l'on se fait de l'égalité. Car il n'est pas douteux que cette idée d'égalité est fondamentale dans le partage. Nous ne l'avons pas séparée de la notion même de partage (9). Mais il y a plusieurs moyens de réaliser cette égalité. Par le partage judiciaire, les copartageants n'obtiennent qu'une égalité matérielle. Le père de famille a précisément recours au partage d'ascendant pour établir entre ses enfants une égalité plus réelle, plus vraie, basée sur leurs goûts et sur leurs besoins. Le législateur, ainsi que le dit la Cour de Grenoble, s'est fié entièrement à lui pour la manière de faire la distribution de ses biens. Encore bien que, suivant les idées de l'époque, on pût craindre que le père de famille donnât arbitrairement à l'un de ses fils la totalité de ses immeubles et réduisît les autres à une condition moins avantageuse, en ne leur assignant qu'une part en argent, le législateur n'a point voulu en cette matière manifester sa défiance à son égard, mais s'en est rapporté, au contraire, à sa prévoyance et à son affection pour ses enfants. Il considérait bien les immeubles comme ayant une certaine prépondérance dans les patrimoines; mais, ayant garanti d'autre part l'égalité en valeur par la réserve et l'action en rescision pour lésion de plus du quart, il n'a pas regardé comme un avantage viciant le partage l'attribution de tous les immeubles à un seul. Il devait voir, au contraire, d'un œil favorable, comme les paroles de Bigot-Préameneu l'attestent, ce moyen usité pour conserver l'intégrité des petits domaines. Et en fait ici ses prévisions furent justes, car le partage d'ascendant, le partage d'ascendant par acte entre-vifs surtout, appelé quelquefois avec raison le partage des cultivateurs, tend ici à cette fin.

69. — C'est bien aussi à cette conception du partage d'ascendant qu'une sage interprétation de la loi a conduit la jurisprudence belge. Cette dernière, en effet, à la différence de la jurisprudence française, déclare que les articles relatifs au partage en nature ne sont pas obligatoires pour le père de famille qui fait lui-même la distribution de ses biens entre ses enfants.

Un arrêt de la Cour de Gand du 22 mai 1834 (1) s'exprime en ces termes : « Attendu que le législateur, en consacrant au livre III, titre II, du Code civil un chapitre spécial pour les partages faits par les ascendants entre leurs descendants, n'a eu d'autre but que de leur donner le moyen de prévenir les contestations qui pourraient s'élever après leur décès entre leurs héritiers *ab intestat;* que, pour atteindre ce but, il a dû nécessairement s'en rapporter aux ascendants pour faire la distribution de leurs biens selon leur sagesse en n'y mettant d'autres bornes que celles résultant de l'article 1079. »

Et un arrêt récent de la Cour de cassation de Belgique (2) fait des déclarations non moins nettes : « Attendu que si les articles 831 à 333 du Code civil prescrivent non seulement l'égalité des lots, mais en-

(1) Pasicrisie belge, 34, 2, 120.
(2) Cass. belg., 14 mars 1895; Pas., 95, 1, 119; — Dall., 96, 2, 285.

core que ceux-ci doivent comprendre, s'il se peut, la même quantité de meubles, d'immeubles, de droits ou de créances de même nature et valeur, ces dispositions, néanmoins, ne doivent recevoir leur application en matière de succession testamentaire que pour autant que le testateur dans la manifestation de sa volonté n'y ait pas dérogé. »

70. — Cette doctrine fut encore suivie par quelques Cours françaises qui opposèrent à la jurisprudence de la Cour de cassation une très louable résistance.

C'est la Cour de Nîmes qui décide que « si le père de famille ne met pas dans le lot de chacun des enfants copartageants une égale portion de meubles et d'immeubles, l'attribution qu'il consacre, déterminée par la nature des biens indivis, conseillée aux parties par leurs convenances réciproques et acceptée par elles, ne peut devenir plus tard le fondement d'une critique légitime (1). »

C'est encore la Cour de Riom qui expose avec beaucoup de justesse le rôle du père de famille dans les termes suivants : « Attendu que la faculté inscrite dans l'article 1075 permettait à X... père de placer dans chaque lot les biens qui pouvaient le mieux convenir à chacun de ses héritiers, eu égard à leur situation respective; qu'en attribuant à l'un des immeubles ruraux et à l'autre un immeuble urbain, les principes en matière de partage pour la composition des lots ont été observés, lorsque surtout l'attribution paraît avoir été faite par le père commun pour éviter des inconvénients qu'il avait su apprécier dans un intérêt égal pour ses enfants; considérant

(1) Nîmes, 10 avril 1847; Dall., 48, 2, 102; Sir., 48, 2, 130.

que la liquidation des dettes de la succession était une conséquence nécessaire du droit de partage accordé au sieur X..., et qu'en donnant à son fils, pour le remplir, à titre de dation en paiement de la créance résultant de l'acte du......., des immeubles à prendre sur le domaine de......., il agissait encore en père de famille intelligent pour éviter à la dame X..., sa fille, soit le rapport en nature de la dot en argent qu'elle avait reçue, soit le paiement en numéraire de sa portion contributive dans la créance du sieur X... fils, rapport et paiement que le père de famille jugeait peu conformes à la position et aux intérêts de sa fille (1). »

Enfin la Cour d'Agen, dans un arrêt du 12 décembre 1866, refusait encore de s'incliner devant la jurisprudence de la Cour de cassation. « Attendu que les règles posées par les articles 826 et 832 du Code civil sont parfaitement justes, lorsqu'on les applique aux partages judiciaires; que les lots doivent alors être tirés par la voie du sort (art. 834), qu'on ne peut donc, dans leur composition, tenir aucun compte des convenances personnelles; que le seul moyen de rendre la chance égale pour tous est de mettre, autant que possible, dans chaque lot, une pareille quantité d'objets de même nature (art. 832), mais qu'on pourrait soutenir que transporter ces règles rigoureuses au partage par attribution, au partage par ascendants, ce serait mettre le père de famille hors d'état de satisfaire aux goûts, aux intérêts les plus évidents de ses enfants, puisqu'il ne pourrait donner à chacun la nature de biens qui convient le mieux à

(1) Riom, 3 juin 1844, et Cass. Req., 26 mars 1845; Dall., 46, 1, 374; Sir., 47, 1, 120.

sa position, à ses aptitudes, à ses besoins; que ce serait ajouter aux dispositions de la loi et dénaturer l'institution patriarcale des partages d'ascendants (1). »

La Cour de Lyon (2) fait une distinction : elle admet bien que les ascendants sont juges souverains de la distribution de leurs biens entre leurs descendants, que, par exemple, ils peuvent donner tout l'argent à l'un, tous les immeubles à l'autre.

Mais si le père de famille attribue à un seul de ses enfants la totalité de sa fortune ou une portion excédant la quotité disponible et la part héréditaire de celui-ci, à la charge de donner à ses cohéritiers une somme d'argent, elle déclare qu'il n'y a plus alors à proprement parler de partage, mais une vente de l'hérédité.

Il faut, dit-elle, que la part héréditaire et indisponible des biens des ascendants arrive toujours à chacun de leurs descendants; cette portion indisponible doit être prise nécessairement *ex substantia patris.*

M. Réquier (3) qui repousse en principe, avec beaucoup de force, l'application des articles du partage en nature aux partages d'ascendants, admet aussi que cette distribution de biens ne constitue pas une donation-partage, mais une donation universelle grevée de certaines charges. Il en résulterait que les enfants qui n'ont reçu aucune portion du patrimoine de leur père pourraient, à l'ouverture de la succession, en demander le partage, et que le donataire universel devrait le rapport des biens qu'il a reçus.

(1) Agen, 12 déc. 1866; Dall., 67, 2, 17.

(2) Lyon, 20 janv. 1837; Dall., v° *Dispos. entre-vifs et testam.*, n° 4487.

(3) *Traité théorique et prat. des partages d'ascend.*, p. 271 et s.

M. Laurent (1) fait très justement remarquer que « les soultes sortent du patrimoine du père, puisqu'elles diminuent le lot de celui qui les doit, donc elles sont prises sur son lot, par conséquent sur les biens du père. » Et, dirons-nous, si le père de famille a eu recours à ce mode de distribution, c'est vraisemblablement parce qu'il était le plus de nature à sauvegarder les intérêts de ses enfants. Pourquoi limiter arbitrairement son choix à telles ou telles combinaisons, alors que le législateur s'est fié entièrement à sa prévoyance et à son affection pour ses enfants, en lui imposant seulement le respect de la réserve et de l'égalité en valeur?

71. — Cependant, la Cour de cassation maintint très fermement, dans une série d'arrêts rendus par la Chambre civile, la jurisprudence, dont les principes avaient été si nettement posés par l'arrêt de 1826 (2) et elle a été suivie dans cette voie par plusieurs Cours d'appel (3).

Le père de famille attribue la totalité ou la presque totalité de ses immeubles à l'un de ses enfants et aux autres une somme d'argent, tel est le cas le plus commun qui ait donné lieu à ces décisions.

Les dispositions des articles 826 et 832 sont de

(1) Laurent, t. XV, n° 68.

(2) Cass. Civ., 11 mai 1847; Dall., 47, 1, 167; Sir., 47, 1, 513; — Cass. Civ., 18 déc. 1848; Dall., 49, 1, 17; Sir., 49, 1, 258; — Cass. Civ., 18 déc. 1855; Dall., 56, 1, 21; Sir., 56, 1, 305; — Cass. Civ., 28 fév. 1855; Dall., 55, 1, 81; Sir., 55, 1, 785; — Cass. Req., 11 août 1856; Dall., 57, 1, 21; Sir., 56, 1, 781.

(3) Lyon, 30 août 1848; Dall., 49, 2, 57; Sir., 49, 2, 7; — Caen, 15 déc. 1849; Dall., 52, 2, 5; — Bordeaux, 7 janvier 1853; Dall., 53, 2, 222; Sir., 53, 2, 264; — Rouen, 9 mars, 1855; Dall., 56, 2, 36; Sir., 55, 1, 785 (Note sous Cass., 28 fév. 1855).

l'essence ou de la nature des partages, elles y sont fondamentales, et, par conséquent, s'appliquent aussi bien aux partages d'ascendants qu'aux autres partages entre cohéritiers; et les immeubles doivent être partagés en nature, à moins que ce partage ne soit impossible ou ne puisse pas être fait commodément. Voilà le raisonnement qui sert constamment de base aux motifs des arrêts.

Si l'immeuble attribué à un seul était impartageable, la conduite du père est justifiée.

Le concours des demandeurs au partage par acte entre-vifs et leur acceptation expresse des stipulations y contenues ne peuvent être un obstacle légal à ce qu'ils provoquent un partage conforme aux articles 826 et 832. Il importe peu que le juge considère l'acte de partage comme pacte de famille et l'apprécie comme satisfaisant aux intérêts personnels du copartagé même qui n'a reçu dans son lot qu'une somme d'argent : « Une telle déclaration, dit l'arrêt de la Chambre civile du 18 décembre 1848, ne peut purger l'acte du vice de nullité, autrement les énonciations de ce genre deviendraient de style dans les actes de partage, et derrière elles se retrancheraient les abus d'autorité des père et mère qui deviendraient impossibles à saisir et à réprimer. »

Que ces paroles nous éloignent, en vérité, du but fondamental de l'institution des partages d'ascendants! Le législateur a voulu prévenir les dissensions entre frères dont le partage, au décès des parents, pouvait être la cause, et a accordé pleine confiance à l'autorité du père de famille pour la distribution de ses diverses natures de biens. Et voilà que la jurisprudence, en opposition formelle avec cet esprit de la loi si bien mis en lumière dans le discours de Bigot-Préameneu, jette la suspicion sur ces actes d'autorité, et sous prétexte qu'elle en craint les abus, permet de les annuler, alors même qu'elle reconnaît qu'ils étaient bons et avantageux pour les copartagés !

Les principes du partage de succession se dressent rigides, inflexibles devant la Cour suprême et semblent lui faire oublier que le père de famille ne fait pas le partage de ses biens pour donner satisfaction à un concept juridique, mais tout simplement pour chercher à réaliser le bonheur de ses enfants.

72. — Cependant, plusieurs Cours d'appel ne suivirent pas la Cour de cassation dans cette voie (1), et, tout en posant comme un principe indiscutable que les règles tracées par les articles 826 et 832 sont fondamentales en matière de partage, cherchèrent à en atténuer les conséquences dans leur application aux partages d'ascendants. Elles valident ceux de ces actes où elles reconnaissent que le père s'est évidemment inspiré des convenances particulières de chacun de ses enfants et a apprécié sagement les besoins de la famille. Même si les immeubles sont commodément divisibles, il n'est pas astreint à une observation stricte des articles 826 et 832, il peut distribuer ses biens de la manière la plus utile aux intérêts respectifs de chacun de ses enfants, pourvu qu'il n'en résulte aucune inégalité entre eux.

La Cour de Nîmes (2), notamment, ne peut se résoudre à enfermer le père de famille dans le cercle

---

(1) Caen, 15 juin 1835; Dall., v° *Dispos. entre-vifs et testam.*, n° 4488; — Riom, 10 mai 1851; Dall., 52, 2, 255; — Nîmes, 20 novembre 1854; Dall., 55, 2, 107; — Cologne, 22 avril 1852; Dall., 53, 2, 223.

(2) Nîmes, 20 nov. 1854, *supra*.

étroit où le réduirait un respect exagéré des règles du partage en nature. Elle se rend très bien compte que ce serait annuler l'œuvre du père de famille, « exposer ses enfants à se trouver, après sa mort, vis-à-vis les uns des autres, dans une position moins favorable que si, en présence d'une succession *ab intestat*, ils eussent pu incontestablement renoncer, par un concert commun, à l'application rigoureuse de nos dispositions. »

« Attendu qu'il est donc nécessaire, sous peine de manquer ce but, de laisser quelque chose à l'appréciation paternelle et d'admettre qu'elle est susceptible d'être substituée, jusqu'à un certain point et dans de certaines limites, à l'appréciation commune des enfants que la loi autorise lorsque le père n'a pas parlé pour eux ; attendu que tout consiste dès lors à savoir si ce point et ces limites n'ont pas été dépassés, et que la meilleure règle que la justice puisse se tracer en pareille matière est de rechercher si le père a consulté réellement, dans sa distribution, les besoins véritables et bien entendus de ses enfants, auquel cas il serait déplorable que le caprice de l'un d'eux compromît le sort d'un acte aussi considérable que celui qui aurait sagement et paternellement réglé leur sort ; ou bien si le père, écartant les prudentes précautions de la loi par l'effet d'un sentiment aveugle de prédilection, a réellement méconnu l'intérêt d'un de ses enfants et l'a dépouillé, à la légère, d'avantages réels et sérieux que cette loi avait entendu lui assurer. » C'est très sagement parler, mais la justice se crée ainsi une tâche que la loi ne lui a pas assignée. Oui, certes, la loi a confié au magistrat le soin de protéger les enfants contre les abus de pouvoir de ceux qui « par une préférence aveugle, par l'orgueil, ou par d'autres passions, voudraient réunir la majeure partie de leurs biens sur la tête d'un seul de leurs enfants (1). » Et par quels moyens les parties intéressées peuvent-elles lui demander de réprimer ces abus possibles ? par l'action en rescision pour cause de lésion de plus du quart, et par l'action en nullité pour atteinte à la réserve, actions destinées à sauvegarder la part de chaque enfant en valeur. Mais en ce qui concerne la répartition des diverses natures de biens, il n'y a pas à craindre d'abus dangereux de la part du père de famille. Et ce dernier a, sous ce rapport, la pleine confiance de la loi.

73. — Cependant, cette jurisprudence qui cherchait à pallier les inconvénients pratiques du principe erroné dont elle faisait son point de départ ne pouvait manquer d'obtenir à la longue l'approbation de la Cour suprême.

Déjà la Chambre des Requêtes avait rendu, à la date du 26 mars 1845, un arrêt assez significatif : « Attendu, y est-il dit, que si, parmi les règles tenant essentiellement à la nature des partages, domine celle qui veut la juste et égale distribution des biens dans chaque lot, selon leur qualité, quantité et valeur, il est toujours au pouvoir du père, en ne réduisant aucun de ses enfants à une condition moins avantageuse que celle des autres, de combiner et modifier cette distribution elle-même, de manière à satisfaire le mieux possible à leurs intérêts, convenances et situation respectives, et assurer par là, la stabilité et la paix de la famille (2). »

(1) Bigot-Préameneu, Discours *supra*.
(2) Cass. Req., 26 mars 1845 ; Dall., 46, 1, 374 ; Sir., 47, 1, 120.

Il est intéressant de se rappeler que la Chambre civile, dans son arrêt de 1826, avait considéré que le père de famille réduisait les enfants auxquels il n'assignait qu'une part en argent à une condition moins avantageuse que celle de l'enfant loti en immeubles. De plus, à ses yeux, une pareille distribution ne pouvait être qu'arbitraire. Le présent arrêt admet la possibilité pour l'ascendant de consulter les intérêts de la famille, et le fait seul d'une inégale distribution des diverses natures de biens dans chaque lot ne semble pas lui faire regarder la condition de certains copartagés comme moins avantageuse que celle des autres. Cette décision de la Cour de cassation est d'autant plus remarquable qu'elle confirmait l'arrêt de la Cour de Riom du 3 juin 1844 que nous avons rappelé ci-dessus (70), et qui ne paraît pas considérer les règles du partage en nature comme essentielles.

74. — Enfin, la Chambre civile finit par consacrer cette jurisprudence libérale. L'arrêt du 9 juin 1857 s'exprimait ainsi : « Attendu qu'il est reconnu par l'arrêt attaqué que le père de famille est tenu d'observer, dans le partage anticipé, les articles 826 et 832; mais attendu que cette règle cesse d'être applicable aux termes de l'article 827, dans le cas où les immeubles ne peuvent se partager commodément; et, attendu en fait que dans l'acte passé devant notaire, par lequel X... a fait le partage de ses immeubles entre ses trois enfants, ledit X... a déclaré que ces biens n'étaient pas susceptibles de division sans dépréciation; que si, néanmoins, les experts nommés par le Tribunal d'Angoulême ont, dans leur rapport, exprimé l'opinion que lesdits biens pouvaient être divisés en trois lots dont ils ont indiqué la formation.

la Cour de Bordeaux a écarté l'avis des experts en constatant qu'ils n'avaient pu parvenir à la division des immeubles qu'en morcelant les plus petites parcelles de terre, morcellement qui en diminue la valeur et que la première disposition de l'article 832 prescrit d'éviter (1). »

On voit que la Cour de cassation, bien loin d'abandonner sa jurisprudence précédente affirmant l'application des articles 826 et 832 aux partages d'ascendants, confirme l'arrêt de la Cour d'appel, précisément parce qu'elle lui paraît avoir fait une juste application de la première disposition de l'article 832. Mais elle manifeste une première tendance à laisser aux juges du fait une plus grande latitude dans l'appréciation de l'impartageabilité des immeubles. Il convient de noter, en effet, que la Cour d'appel avait validé le partage anticipé qui attribuait les immeubles en totalité au fils aîné, à la charge de payer à son frère et à sa sœur une somme d'argent, principalement en considération des exigences des situations réciproques des copartagés. Le fils demandeur, engagé dans le commerce, avait contracté des dettes qu'il fallait acquitter; il avait besoin de fonds disponibles pour ses affaires : bref, « le partage, tel qu'il fut arrêté, satisfaisait à cette double exigence de sa position en réalisant pour lui des immeubles, qu'évidemment il aurait dû mettre sur-le-champ en vente, s'il en avait reçu sa part en nature. » Le demandeur en nullité du partage ne pouvait agir que sous l'impulsion d'un caprice ou d'un mauvais calcul. Puis, accessoirement, la Cour avait motivé sa décision par l'éventualité de la dépréciation par suite du morcel-

(1) Cass. Civ., 9 juin 1857; Dall., 57, 1, 295.

lement des immeubles. « Attendu que, d'un autre côté, malgré l'avis des experts, il est permis de douter qu'un partage en trois lots sans dépréciation fût possible, lorsqu'on voit, pour y parvenir, morceler en trois une prairie de 66 ares et en deux plusieurs autres objets d'une faible importance. »

75. — Cette tendance de la Cour de cassation à établir une jurisprudence plus libérale relativement à l'application des articles 826 et 832 aux partages d'ascendants, devint de plus en plus visible dans les arrêts qui suivirent (1). Elle laisse aux juges du fait un pouvoir de plus en plus souverain dans la constatation que les immeubles attribués à un seul étaient impartageables, constatation qui suffit à valider l'acte de partage. « Attendu, en fait, dit notamment l'arrêt du 23 mars 1869, que l'arrêt attaqué se fonde tout particulièrement sur les circonstances et les documents de la cause, dont l'appréciation souveraine lui appartient, pour reconnaître et affirmer que les immeublés dont il s'agit ne pouvaient pas être partagés commodément et sans subir une notable dépréciation. »

Tous les arrêts de la Cour suprême (2) se bornent désormais à reconnaître que les Cours et Tribunaux ont pu, en se basant uniquement sur une apprécia-

(1) Cass. Req., 18 août 1859; Dall., 59, 1, 410; Sir., 60, 1, 63; — Cass. Req., 7 août 1860; Dall., 60, 1, 498; Sir., 61, 1, 977; — Cass. Civ., 7 janv. 1863; Dall. 63, 1, 226; Sir., 63, 1, 121; — Cass. Civ., 24 juin 1868; Dall., 68, 1, 289; Sir., 68, 1, 330; — Cass. Civ., 23 mars 1869; Dall., 69, 1, 333.

(2) Cass. Req., 8 janvier 1872; Dall., 72, 1, 94; Sir., 72, 1, 19; — Cass. Req., 24 déc. 1873; Dall., 74, 1, 432; Sir., 74, 1, 487; — Cass. Req., 8 mars 1875; Dall., 75, 1, 278; Sir., 75, 1, 301; — Cass. Civ., 26 déc. 1876; Dall., 77, 1, 171; — Cass. Req., 25 fév. 1878; Dall., 78, 1, 449.

tion souveraine des faits, valider un partage dans lequel les ascendants ont distribué inégalement les meubles et les immeubles. Les juges du fait peuvent d'ailleurs constater que le père de famille a voulu, dans cette distribution, obéir à la première disposition de l'article 832 qui prescrit d'éviter le morcellement des héritages, ou s'est prévalu de l'article 827 pour attribuer à un seul l'immeuble impartageable. Mais ils peuvent aussi approuver son œuvre, parce qu'en somme elle est celle qui était le mieux de nature à satisfaire aux intérêts, aux convenances particulières et aux situations respectives des copartagés.

La Chambre des Requêtes dit notamment dans son arrêt du 8 mars 1875, que la Cour d'appel « n'avait point à examiner seulement la consistance matérielle des immeubles, mais devait tenir compte des conditions dans lesquelles s'effectuait le partage... que cette appréciation des juges du fond suffit pour exclure l'application des articles 826 et 832. »

76. — Nous allons voir comment les Cours et Tribunaux ont tiré parti des pouvoirs souverains que leur reconnaissait la Cour de cassation pour valider des partages dans lesquels les ascendants se sont beaucoup plus souciés de satisfaire aux intérêts communs et individuels de leurs enfants que de se conformer aux règles du partage en nature.

Les Cours d'appel (1), d'abord, valident des partages d'ascendants qui renferment une distribution

---

(1) Agen, 1er juin 1864; Dall., 64, 2, 183; Sir., 64, 2, 130; — Chambéry, 23 juillet 1873; Sir., 74, 2, 43; — Chambéry, 12 février 1873; Dall., 73, 2, 160; Sir., 73, 2, 77; — Lyon, 23 mars 1877; Dall., 78, 2, 33; Sir., 78, 2, 138.

inégale des meubles et des immeubles, toujours en principe par application des articles 826, 827 et 832. Les articles 827 et 832, 1er alinéa, apportant des exceptions à l'article 826 et à la seconde disposition de l'article 832, dans le cas où les immeubles ne peuvent être commodément partagés, et où il résulterait de leur morcellement un préjudice pour les copartageants, la règle de l'égalité en nature fléchit lorsqu'on ne pourrait l'appliquer sans une dépréciation des valeurs héréditaires, ou sans qu'elle entraînât de réels inconvénients. C'est ainsi, par exemple, que la Cour d'Agen reconnaît le partage en nature incommode et préjudiciable dans un cas où il aurait eu pour résultat la division d'une terre labourable d'un peu plus d'un hectare « en six lots chacun desquels aurait eu environ 18 ares, le règlement de servitudes de passage de ces lots, les uns sur les autres, pour aboutir aux chemins publics, etc. »

Il s'agit donc, là, de cette impartageabilité et de cette incommodité du partage en nature dont le juge doit tenir compte dans le partage judiciaire, et pour l'appréciation desquelles il jouit, nous le savons, d'une grande latitude, sous le contrôle de la Cour de cassation. Cette appréciation porte sur les inconvénients et avantages à la fois matériels et moraux, suivant les circonstances, du partage en nature. Mais la nature du partage judiciaire et le rôle du juge, sur lesquels nous nous sommes déjà étendu, la limitent à l'examen des circonstances générales, extrinsèques, en quelque sorte à la personne même du copartageant.

Quelques arrêts plus récents (1) envisagent encore

(1) Grenoble, 10 mai 1873; Dall., 74, 2, 366; Sir., 73, 2, 271; — Toulouse, 31 déc. 1883; Dall., 84, 2, 81; Sir., 84, 2, 113.

le rôle du père de famille comme celui du juge, et l'apprécient à ce point de vue : « Attendu, dit la Cour de Toulouse, que l'état des immeubles tels qu'ils sont décrits dans l'acte de partage, leur situation topographique, leur division matérielle, démontrent, d'ores et déjà, qu'ils peuvent être commodément partagés en nature; qu'aucune preuve ou allégation contraire n'a été produite devant la Cour; qu'il ne suffirait pas qu'une attribution en argent pût être considérée comme plus profitable qu'un lotissement immobilier à celui des copartageants qui a été loti en argent pour faire fléchir le principe formulé dans les articles 826 et 832; qu'il faudrait encore qu'il fût établi que les immeubles ne pouvaient être partagés sans des inconvénients graves; qu'aucun inconvénient sérieux n'a été relevé comme pouvant faire obstacle au partage en nature. »

77. — Mais, dans nombre d'arrêts, ce n'est plus seulement le motif tiré de l'incommodité proprement dite du partage en nature que l'on invoque pour reconnaître la validité d'un partage d'ascendant fait sans tenir compte des articles 826 et 832, 2e alinéa. « L'intérêt bien entendu des enfants », leurs « convenances mutuelles », les « nécessités impérieuses nées de la situation respective des parties » sont des considérations qui touchent particulièrement les Cours d'appel (1). Fidèles d'ailleurs à leur doctrine, elles les font

(1) Poitiers, 20 fév. 1861; Dall., 61, 2, 93; Sir., 61, 2, 465; — Dijon, 13 juillet 1870; Dall , 72, 1, 94; — Bourges, 18 mai 1874; Dall., 75, 1, 278; Sir., 75, 1, 301 (sous Cass. Req., 8 mars 1875); — Lyon, 13 mai 1882; Dall., 84, 1, 390; — Riom, 29 oct. 1888; Dall., 90, 2, 330; — Bordeaux, 3 juin 1887; Dall., 88, 2, 125; — Lyon, 27 mars 1893; Dall., 94, 2, 60.

sortir des articles 827 et 832, 1er alinéa, au même titre que l'impartageabilité proprement dite dont nous parlions.

Le principe de l'égalité en nature, disent-elles, n'est pas une règle absolue et substantielle. Ainsi entendue, elle entraînerait des conséquences fâcheuses, soit au point de vue de la division des héritages, soit au point de vue des convenances mutuelles.

Ces observations, remarquons-le en passant, sont très exactes en ce qui touche l'application des articles 826, 827 et 832 aux partages judiciaires, et nous sommes heureux d'en faire une mention particulière, car elles montrent l'évolution très sage de la jurisprudence vers l'interprétation que nous avons tenté de donner de ces articles, interprétation dont le caractère distinctif est l'importance, non exagérée, pensons-nous, que nous avons attribuée à l'art. 832, 1er alinéa.

Ces tempéraments apportés au principe de l'égalité en nature doivent, suivant les Cours d'appel, surtout être appliqués lorsqu'il s'agit d'un partage fait par un ascendant, lequel a pour but d'éviter les difficultés de l'avenir et de chercher à satisfaire les intérêts de chacun. La transition est ainsi créée entre, d'une part, le principe de l'égalité en nature et, d'autre part, le rôle qui appartient au père et qu'on est obligé de lui reconnaître, de donner satisfaction, dans la distribution de ses biens, aux intérêts, aux convenances particulières et à la situation respective des enfants.

Le lien est lâche, très flexible, et, par conséquent, d'autant plus propre à permettre de tenir compte des nécessités pratiques que présente chaque espèce.

Un arrêt de la Cour de Bourges du 18 mai 1874 (1)

(1) Bourges, 18 mai 1874; Dall., 75, 1, 278; Sir., 75, 1, 301.

nous donne un exemple remarquable de cette jurisprudence.

Une dame X..., ayant fait le partage de ses biens entre ses deux fils, avait attribué à l'un d'eux la totalité de ses immeubles. L'autre, loti uniquement en valeurs mobilières, attaque le partage pour violation des articles 826 et 832. La Cour rejette sa demande et justifie les attributions faites par la mère. D'abord le demandeur était débiteur envers sa mère d'une somme importante; il était donc naturel et conforme à la loi, dit la Cour, qu'il touchât en moins une somme pareille imputable sur celle qui lui revenait pour sa part. Quant à la différence, il n'en a pas été alloti en biens immobiliers. Pourquoi? parce que la mère savait qu'il en aurait été immédiatement exproprié par des créanciers menaçants qu'il n'avait aucun moyen de désintéresser. Pour parer à ce danger, et guidée uniquement par son affectueuse préoccupation pour son fils, elle plaça dans son lot des rentes incessibles et insaisissables; et au lieu de lui attribuer directement un domaine, elle préféra le placer dans le lot de son second fils. Celui-ci n'en était pour ainsi dire que fictivement investi, car il ne le recevait que sous l'obligation de solder les dettes de son frère et par conséquent devait le vendre dans l'intérêt de ce dernier. Cet arrangement, dans la pensée de la mère, faisait échapper son fils aux saisies qu'il avait à redouter.

Le partage était donc bien fait, avant tout, dans l'intérêt du demandeur. Et c'est cette considération que la Cour met en avant en premier lieu pour repousser sa demande.

La Cour constate ensuite que les immeubles n'étaient pas susceptibles de division et ne pouvaient être morcelés. Mais il est visible que cette considération a influé d'une façon accessoire sur sa décision, et que l'intérêt bien entendu de l'enfant, les nécessités de sa situation ont déterminé principalement la Cour à approuver pleinement la prévoyante distribution de la mère.

78. — La Cour de Lyon (1) rappelle la règle de l'égale attribution des immeubles, mais elle estime que « la loi, en autorisant l'ascendant à faire lui-même la distribution de ses biens, s'en est remise avec confiance à la connaissance plus particulière que doivent avoir le père ou la mère de famille de la situation et des intérêts respectifs de leurs enfants, qu'elle se confie également à leurs sentiments d'affection et de justice envers eux ».

Et c'est à raison de cette considération générale, autant, sinon plus, qu'à raison même de l'incommodité proprement dite du partage en nature ou de la dépréciation qu'il entraînerait dans la valeur des immeubles, que la Cour dispense l'ascendant de recourir à la licitation et lui reconnaît le droit de la remplacer par l'attribution à l'un de ses enfants de la totalité des immeubles, et par le lotissement des autres au moyen d'une somme d'argent ou de valeurs mobilières. « Considérant, d'ailleurs, dit-elle, qu'en limitant trop étroitement le droit de partage exercé par l'ascendant, on en rendrait l'application impossible; qu'on grèverait ainsi la succession de frais considérables et que l'on s'exposerait enfin à faire sortir du patrimoine, par la voie de la licitation, des biens à la conservation desquels la famille tout entière attache

(1) Lyon, 27 mars 1893; Dall., 94, 2, 60.

souvent sa considération et sa sécurité; considérant, au même point de vue, que la jurisprudence en matière de partage d'ascendants, est entrée largement dans la voie du respect de la volonté testamentaire, dont les abus ou les avantages restent d'ailleurs soumis au contrôle et à la souveraine appréciation des tribunaux. »

79. — Enfin la Cour de cassation, Chambre des Requêtes, vient, dans un arrêt tout récent (1), de confirmer précisément cette tendance de la jurisprudence à respecter la volonté du père de famille.

« ..... Sur le troisième moyen tiré de la violation des articles 826, 832, 900, 913, 1021, 1033 C. civ., attendu que, en matière de partage, les dispositions relatives à la réserve légale sont d'ordre public, mais que celles qui règlent la composition des lots n'ont pas ce caractère; — que dans un partage d'ascendant le testateur peut, suivant les circonstances, les convenances ou la situation de ses héritiers, suivant la nature, la consistance de ses biens, ne pas s'astreindre, dans la composition des lots en immeubles ou meubles, à une rigoureuse égalité; — attendu que l'arrêt attaqué, en se basant sur ces considérations pour maintenir le partage testamentaire du.... n'a pu violer les textes visés au pourvoi. Par ces motifs, rejette. »

L'importance de cet arrêt n'échappera à personne, si l'on songe que, pour la première fois, la Cour suprême ne pose pas en principe, comme base de sa décision, que les articles 826 et 832 sont applicables aux partages d'ascendants comme à tous partages. Il est vrai qu'elle ne prend pas tout à fait le contre-

(1) Cass. Req., 23 nov. 1898; Dall., 99, 1, 38.

pied de sa jurisprudence précédente, et ne prétend pas que les dispositions qui règlent la composition des lots ne sont pas de l'essence ou de la nature de tout partage. Elle emploie une autre formule et dit qu'elles ne sont pas d'ordre public, ce qu'elle avait déjà reconnu auparavant (65).

Mais, cette fois, elle tire une conséquence logique du caractère d'ordre privé de ces dispositions : c'est que, encore bien qu'elles soient de la nature ou de l'essence de tout partage, il y a un partage spécial, le partage d'ascendant dans lequel le père de famille peut les modifier profondément. Les circonstances variant à l'infini suivant les espèces, les convenances, les besoins, la situation des héritiers, la nature, la consistance des biens, autant d'éléments qui peuvent déterminer l'ascendant à distribuer de diverses façons ses meubles et ses immeubles.

Sans doute, cet arrêt n'a pas envisagé la question avec toute l'ampleur qui permettrait de dire que la jurisprudence a subi un revirement complet. Il ne pose pas en principe, comme l'arrêt ancien de la Cour de Grenoble, que l'institution des partages d'ascendants ne comporte pas l'application des articles 826, 827 et 832. Mais il aboutit en fait aux mêmes conséquences pratiques, et cela nous suffit. Nous ne professons pas de culte spécial pour les proclamations de principes.

80. — Réserve étant faite de cette évolution qui s'est opérée dans la jurisprudence la plus récente, l'examen des décisions de la jurisprudence relatives à l'application des articles 826, 827 et 832 du Code civil, soit dans les partages judiciaires, soit dans les partages d'ascendants, et leur rapprochement avec l'interprétation que nous avons cru devoir donner

de la loi, nous obligent à conclure que les tribunaux ont introduit une pratique contraire au but et à la raison d'être des dispositions du Code civil touchant le partage en nature. Ils y ont vu surtout une conséquence du principe d'égalité absolue, et se sont attachés d'une façon exagérée à appliquer nos articles dans cet esprit. Aussi, M. Glasson, avec qui nous sommes heureux de nous rencontrer sur ce point, a-t-il pu, en déplorant le morcellement à l'infini des héritages, juger la jurisprudence en ces termes sévères :

« Que dit l'article 832 du Code civil? Il a soin de recommander avant tout de ne pas morceler les héritages dans la formation et composition des lots, mais sous le bénéfice de l'observation de cette règle, il désire que l'on fasse entrer, si cela est possible, dans chaque lot, la même quantité de meubles, d'immeubles, de droits ou de créances de même nature et valeur. On peut dire sans exagération que la jurisprudence a compris et appliqué cet article en sens inverse de ce qu'il dit. L'article 832 pose comme règle générale l'obligation de ne pas morceler les héritages; il indique, à titre de faculté et d'exception, la mise dans chaque lot de biens de même nature. La jurisprudence a purement et simplement supprimé la règle générale comme si elle n'existait pas, et c'est de la disposition exceptionnelle et facultative qu'elle a fait une règle générale et obligatoire. Toutes les plaintes élevées contre les partages judiciaires sont donc très légitimes, mais il faut adresser les critiques à la jurisprudence et non à la loi (1). » Nous

---

(1) Glasson, *L'autorité paternelle et le droit de succession des enfants*, *Réforme sociale*, 16 août 1889, p. 209 et s.

devons cependant faire des réserves sur la disculpation complète que l'éminent jurisconsulte accorde à la loi, en mettant à la charge de la jurisprudence tous les reproches que les partages judiciaires ont suscités. A chacune d'elles, nous le verrons plus spécialement dans le chapitre suivant, incombe une part de responsabilité dans les inconvénients que l'on attribue à l'application de nos dispositions du partage.

81. — Mais nous souscrivons pleinement aux réflexions très justes que les tendances de la jurisprudence inspirent à M. Glasson : « Autrefois, dit-il (c'est-à-dire dans l'ancien droit), la pratique avait le tort d'exagérer le principe d'inégalité consacré par le droit féodal; aujourd'hui, elle a le tort d'exagérer le principe d'égalité dans le Code civil. » On sait que le droit d'aînesse avait été établi seulement dans la succession aux fiefs. C'était une institution essentiellement destinée à garantir la perpétuité aux familles possédant des biens soumis à la hiérarchie féodale, et à assurer par là même, à cette dernière, cohésion et durée. Au contraire, tous les biens de succession autres que les fiefs et les alleux nobles, devaient se partager également entre tous les enfants, soit dans les pays de droit romain, soit dans les pays de coutume. Tel était le principe. Mais, en pratique, qu'est-il arrivé ? « En dépit même des plaintes des jurisconsultes, dit M. Glasson, qui, en général, étaient d'accord pour critiquer les dispositions successorales dans la mesure où elles étaient contraires à l'égalité entre enfants, on s'efforçait, par divers moyens, d'étendre l'application du droit d'aînesse en dehors de sa sphère normale, c'est-à-dire des fiefs, et de con-

centrer toute la fortune sur la tête de l'aîné (1). » Ces moyens étaient notamment les renonciations par les cadets et les filles à tout droit sur la succession future des parents, et les substitutions que les ordonnances royales eurent beau limiter à quatre degrés, puis à deux, institutions non comprises ; car on renouvelait purement et simplement les substitutions qui arrivaient au second degré, et la loi était tournée.

De nos jours, sous l'empire du Code civil, nous assistons à un phénomène analogue, bien qu'entraînant des conséquences tout opposées. « La pratique, préoccupée avant tout d'assurer l'égalité entre les enfants, s'est trop souvent écartée de l'esprit du Code civil pour se rapprocher des lois révolutionnaires.... Il y a là un phénomène psychologique dont il faut tenir compte pour apprécier la jurisprudence appliquant les articles 826 et 832 : on a été fasciné par le principe d'égalité proclamé par la Révolution, et l'esprit de réaction aidant contre l'ancien régime, l'esprit modéré du Code civil a été méconnu. »

82. — M. Glasson a raison de faire intervenir ici la psychologie. Elle seule peut tenter d'expliquer, d'une façon satisfaisante, combien est puissante et prolongée l'influence du principe qui sert de base à une société, que ce soit un principe d'inégalité et de subordination, fondement de l'organisation féodale, ou un principe d'égalité solennellement proclamé par les lois de la Révolution et appliqué dans une certaine mesure par le Code civil.

Dans les deux cas, la coutume ou les législateurs ont soin de limiter le principe à une sphère détermi-

(1) Glasson, Disc. cité, *ibid.*

née, ou plutôt d'en consacrer expressément certaines applications, tandis que d'autres situations spécialement réglementées l'excluent nécessairement.

Mais cette force d'expansion qui réside en lui leur échappe, ils sont incapables de la contenir, ils la règlent difficilement. Comment pourraient-ils lutter contre cette « fascination » qu'il exerce sur toutes les classes de la société d'une façon d'autant plus pressante et plus dominatrice qu'eux-mêmes, coutume ou législateurs, l'ont dégagée de l'état latent où il se trouvait, et lui prêtent le prestige de leur autorité ? Il pénètre toutes les institutions et s'impose avec assez de force pour les déformer et leur faire produire, en pratique, des résultats tout contraires à ceux qu'on en attendait. L'homme de science ou l'humble interprète approfondissant les diverses dispositions législatives, les comparant ou les rapprochant entre elles, recherchant leur fondement et examinant leur fonctionnement pratique, protesteront en vain, de longues générations durant, au nom d'une saine interprétation de la loi, contre cet envahissement d'un principe unique. Il est devenu banal de dire que le droit est la science de la vie, et le jurisconsulte, travaillant dans le silence du cabinet, est si bien pénétré de la vérité de cet aphorisme, que c'est précisément en son nom qu'il repousse l'uniformité de régime qu'un principe prétendu général et fondamental voudrait imposer à des institutions en réalité bien distinctes et différentes les unes des autres. Mais le praticien, et surtout le juge, ne tiennent pas compte seulement de chacune de ces vies propres à chaque institution dont l'ensemble forme l'objet du droit. Il est une autre vie pénétrant tout l'organisme social et engendrée précisément par un principe unique ou par un petit nombre de principes qui lui servent de base.

Le praticien, le juge, eux aussi, quotidiennement aux prises avec les multiples situations qui naissent de la réalité, subissent la « fascination » commune, et ne peuvent que bien difficilement se soustraire à cette influence mystérieuse. Et c'est ce qui explique, pensons-nous, pourquoi les solutions de la jurisprudence, dans la matière qui nous occupe, sont en désaccord avec celles d'un grand nombre de commentateurs.

83. — Les rédacteurs du Code civil ont consacré des applications extrêmement importantes du principe d'égalité qui doit prévaloir entre enfants d'un même père, dans les institutions de la réserve et du partage égal en nature ; mais ils y ont aussi apporté très sagement des restrictions et des atténuations au nom d'intérêts non moins importants, au nom de l'intérêt général de l'agriculture et du maintien de l'intégrité des petits biens, au nom de l'autorité salutaire du père de famille.

Au juge il appartenait de ne pas méconnaître ces intérêts que le législateur avait pris sous sa sauvegarde, de ne pas se laisser guider principalement par un principe d'égalité absolue dans des matières où la la loi avait marqué à ce dernier, sinon une place secondaire, du moins une place restreinte. Le juge n'a pu résister au courant de vie égalitaire circulant dans la société nouvelle issue de la Révolution, et qui s'est imposé à la masse des particuliers avec une force, nous devrions dire avec une tyrannie engendrée surtout par l'esprit de réaction contre l'ancien régime, et dont nous laisserons encore aux psychologues le soin de présenter la curieuse étude. Qu'il nous suffise de faire remarquer que le père de famille use très rarement de la quotité disponible au profit d'un de ses enfants, que dans certaines parties de la France il croirait par là même commettre une grave injustice à l'égard de ses autres enfants; et cet état d'esprit du père de famille français n'est pas la moindre objection que l'on adresse constamment aux partisans de l'extension de la quotité disponible. Nous avons vu que les articles du partage en nature ne s'imposent pas aux particuliers en dehors des partages judiciaires, mais qu'en pratique ils font un usage fréquent de la faculté qui leur est laissée d'y avoir recours : ils les appliquent bien souvent, dans les partages amiables ordinaires, avec l'idée préconçue d'égalité absolue, sans tenir compte de la prescription du premier alinéa de l'article 832.

L'évolution que nous avons vue se manifester dans la jurisprudence, relativement à l'application des articles 826, 827 et 832 aux partages d'ascendants et aussi aux partages judiciaires, montre heureusement que les longues et persévérantes protestations des commentateurs finissent par porter leurs fruits, et que le juge se rendant compte enfin qu'il n'a aperçu jusque là qu'un seul côté de la loi, se décide à en faire une application intégrale.

CHAPITRE III

Dispositions législatives modifiant les articles du partage en nature et projets de réformes.

84. — On sait que les dispositions des articles 826, 827 et 832 sont très vivement critiquées par l'école de Le Play, et qu'elles sont condamnées comme faisant partie du régime du Code civil dit du « partage forcé ». Suivant ces jurisconsultes, le Code, restreignant à l'excès la liberté de tester du père de famille, consacre l'égalité des droits de chaque enfant sur la succession des parents, et les conséquences du partage égal des biens patrimoniaux sont aggravées par le partage de chaque nature de biens. Non seulement la loi ne permet pas au père de famille de gratifier celui de ses enfants qu'il désire associer à ses travaux d'un préciput assez large pour qu'il puisse soutenir dignement la fortune et les traditions de la famille, mais la faculté qu'a chaque enfant de demander sa part en nature est, de plus, une cause nécessaire et périodique de désorganisation des patrimoines.

Nous avons vu que, en ce qui concerne le point spécial du partage en nature dont nous avons seulement à nous occuper, cette critique s'adresse pour une bonne part à la jurisprudence et non à la loi. Et les disciples de Le Play sont les premiers à le reconnaître et à combattre vigoureusement avec nous la jurisprudence relative aux partages d'ascendants. Ils font aussi le procès de la licitation qui fait sortir de la famille et passer en des mains étrangères les biens patrimoniaux.

L'interprétation que nous avons tenté de donner des articles 826 et 827, nous a amené, on se le rappelle, à critiquer l'usage exagéré de ce mode de sortir de l'indivision admis par la jurisprudence dans les partages judiciaires (30-36).

Enfin, les formalités mêmes du partage judiciaire destinées à sauvegarder les intérêts des incapables sont prises vivement à partie, et l'on montre qu'elles produisent des résultats directement contraires à ceux qu'on en attendait.

Ces reproches sont fondés dans une large mesure et nous verrons bientôt, en étudiant les lois et projets de lois dont notre matière a été l'objet, comment on a tenté et comment on pourrait tenter d'y faire droit.

Mais avant d'aborder cet examen, nous devons consacrer quelques lignes à signaler des résultats économiques qui, nous allons le voir, sont plus le fait d'une pratique et d'une jurisprudence erronées que de la loi elle-même.

85. — Un fractionnement excessif des biens fonciers et la division des héritages en parcelles tellement exiguës que leurs propriétaires peuvent « être à la fois propriétaires et mendiants » sont des résultats fâcheux que l'on a attribués au Code civil.

M. Claudio Jannet s'exprime à ce sujet en ces termes quelque peu absolus : « Le Code civil, malgré les tempéraments qu'il a apportés aux lois de la Révolution, est resté fidèle à leur esprit : il cherche, par tous les moyens à morceler le sol et à empêcher la transmission intégrale des patrimoines petits ou grands (1). » Ce jugement nous paraît ne pas rendre complètement justice à l'esprit de sage modération qui animait les rédacteurs du Code. Nous nous sommes efforcé de montrer au contraire combien a été grande, lors de la rédaction de nos articles, leur préoccupation de maintenir l'intégrité des petits domaines et d'éviter la désagrégation de la propriété foncière (21), et, en tout cas, il serait plus juste de dire, qu'en général, les dispositions de notre Code civil « ont eu en vue la non-concentration des biens, plutôt que leur morcellement indéfini (2). »

D'autres jurisconsultes et économistes ont aussi, en termes moins absolus d'ailleurs, reconnu les graves inconvénients qui découlent des dispositions relatives au partage en nature.

Nous croyons que leur critique est bien plus justifiée par les solutions de la pratique et de la jurisprudence qu'elle n'est méritée par la loi (3).

Certaines personnes voient, au contraire, non seulement sans alarme, mais avec satisfaction, la propriété foncière se diviser en petites, en toutes petites parcelles, et le nombre des propriétaires terriens augmenter dans la même proportion. « Plus la terre se divise, dit M. de Foville, et plus sa fécondité aug-

(1) Cl. Jannet, 3ᵉ *appendice à l'Organisation de la famille*, de Le Play.

(2) Bonnal, *Le droit d'hérédité*, 1875, p. 145.

(3) Baudrillart, *La loi de succession en France*, *Revue des Deux-Mondes*, 15 avril 1872, p. 853; Cauwès, *Cours d'économie politique*, 3ᵉ édit., 1893, t. III, nº 1048; Souchon, *La propriété paysanne*, 1899.

mente..... Rien n'égale, comme puissance, le travail du petit propriétaire cultivant sa terre : plus son domaine est étroit, plus il sait le rendre productif (1). »

Il faut d'ailleurs remarquer, — ce que personne ne conteste — que le morcellement du sol en France ne date pas du Code civil, mais « constitue un phénomène fort ancien, existant dès avant 1790 et attesté par des titres nombreux et indiscutables (2). »

86. — Si l'on examine la proportion numérique existant entre les diverses catégories de propriétés établies d'après leur étendue, on se rendra compte approximativement du degré de division du sol. Les chiffres suivants sont empruntés à M. de Foville et résultent du classement des cotes foncières basé sur les contenances (année 1885) (3) :

DÉSIGNATION DES GROUPES	CONTENANCES IMPOSABLES	
	Nombre d'hectares	Parts proportionnelles 0/0
Très petite propriété (0 à 2 hect.)...	5.211.456	10,53
Petite propriété (2 à 6 hect.).......	7.543.347	15,26
Moyenne propriété (6 à 50 hect.)....	19.217.902	38,94
Grande propriété (50 à 200 hect.)....	9.398.057	19,04
Très grande propriété (plus de 200 h.)	8.017.542	16,23
	49.388.304	100,00

(1) De Foville, *Le morcellement*, 1885, p. 14-18. — *Adde* René Henry, *La petite propriété rurale en France*, thèse, 1895.

(2) Voy. notamment un article très documenté de M. A. des Cilleuls dans la *Réforme sociale* du 16 nov. 1894, dans lequel l'auteur montre, d'après les actes de ventes et locations, que, dès avant 1790, il existait en France un très grand nombre de très petits lots ou parcelles. Il estime à environ 4.700.000 le nombre des détenteurs du sol en France, avant 1789.

(3) De Foville, *op. cit.*, p. 91.

« Ainsi, dit M. de Foville, malgré la disproportion des nombres ou plutôt à raison même de cette disproportion, il y a véritablement équilibre chez nous entre la grande, la moyenne et la petite propriété. Quant à la très petite, elle ne représente encore que la dixième partie du sol national, tandis que la très grande en absorbe la sixième partie. On voit que la pulvérisation, si pulvérisation il y a, serait essentiellement locale. »

D'autre part, M. Souchon a porté spécialement son attention sur la propriété moyenne ou propriété paysanne (entre 5 et 20 hectares), c'est-à-dire la propriété « dont la récolte est assez abondante pour nourrir le maître et sa famille, à la double condition que cette famille ne soit pas excessivement nombreuse, et que tous ses membres consacrent leur activité aux soins de l'exploitation »; et il donne des chiffres qu'il importe de rapprocher de ceux que nous venons de rapporter. Il montre que le nombre de ces propriétaires moyens, assez riches pour vivre exclusivement de leurs terres, va toujours en augmentant en France.

Leur nombre était de :

1.802.358 en 1862.
2.132.730 en 1882.
2.183.129 en 1892 (1).

Le nombre des propriétaires moyens a augmenté pendant le cours du siècle, mais au détriment de quelle catégorie de personnes ? au détriment des tout petits propriétaires dont les parcelles minuscules ne suffisent plus à les faire vivre, et qui rentrent, suivant les distinctions établies par M. Souchon,

(1) Souchon, *op. cit.*, p. 24. Les chiffres cités au texte sont empruntés à l'Enquête officielle agricole de 1892, p. 247.

dans la catégorie des « petites propriétés (de 0 à 5 hectares) qui ne dispensent pas leurs détenteurs de demander au salaire une part de leurs subsistances. »

Et en effet, l'on voit décroître régulièrement le nombre des journaliers propriétaires.

On en comptait :

1.134.490 en 1862.
727.374 en 1882.
588.950 en 1892 (1).

Bon nombre de ceux qui se trouvent éliminés des rangs de ces journaliers petits propriétaires doivent, d'ailleurs, quitter la campagne pour émigrer vers les villes, car la statistique nous montre encore que le nombre des journaliers non propriétaires croît plus lentement pendant la même période de temps. Il atteignait :

862.254 en 1862.
1.415.945 en 1882.
1.427.625 en 1892 (2).

87. — Ces chiffres montrent qu'il s'opère non pas une pulvérisation du sol, mais plutôt une concentration des parcelles trop petites pour rester indépendantes. Mais ceci prouve bien qu'en fait ce sont surtout les petits domaines partagés périodiquement qui ont à souffrir de la division et du morcellement.

Et c'est ce que reconnaît M. de Foville lui-même : « Il est vrai que son action (celle du morcellement) s'exerce sur les menus domaines comme sur les autres et que l'on risque ainsi, dans certaines localités,

---

(1) *Ibid.*
(2) *Ibid.*

d'atteindre ou même de dépasser la limite au-dessous de laquelle le même individu peut être à la fois propriétaire et mendiant. Un champ d'un demi-hectare, dont le jeu périodique des successions aurait fait d'abord 5 parts, puis 25, puis 125, deviendrait évidemment d'une utilisation difficile, et il n'y aurait plus guère à y récolter que des procès. On a vu de ces fractionnements extravagants. Mais arrivé à ce degré excessif, le morcellement, qui se traduit alors par une dépréciation et non par une plus-value, tend de lui-même à reculer. Les mêmes raisons poussent à vendre, lorsque l'occasion s'en présente, et celui dont le domaine est trop grand et celui dont le champ est trop petit. Il ne faut donc pas s'affecter outre mesure de voir, dans certains cas, l'émiettement du sol aller jusqu'à l'absurde (1) ».

Ici nous arrêterons le distingué statisticien, et nous lui demanderons s'il estime que ces deux situations, le démembrement d'un domaine trop grand, et la disparition d'un bien trop petit, qu'il assimile au point de vue des causes qui les produisent, affectent le détenteur du sol de la même façon. Non, sans doute, M. de Foville n'a garde de vouloir, suivant sa propre expression « sacrifier le droit de l'homme à l'intérêt prétendu de la terre (2) ».

Chacun se réjouit de la division d'une trop grande propriété en deux ou plusieurs parties, laquelle a pour résultat d'accroître la productivité de la terre en même temps que le nombre des propriétaires, et c'est un des buts que se proposait d'atteindre, nous l'avons montré, le législateur de 1804. Mais la vente

(1) De Foville, *op. cit.*, p. 198.
(2) *Op. cit.*, p. 3.

de parcelles trop exiguës pour suffire à la subsistance de leurs détenteurs signifie diminution du nombre des petits propriétaires, accroissement de l'émigration dans les villes, et c'est bien là que réside la vraie question du morcellement, et le mal que l'on dénonce est un mal qui atteint surtout les petits propriétaires, et que le législateur prévoyait et voulait conjurer lorsqu'il a édicté sa prescription de l'article 832, 1er alinéa. « La trop grande subdivision des héritages modiques met nécessairement un terme à leur existence », avait dit déjà le Premier Consul. La division d'un domaine d'une étendue restreinte, une première fois, en quatre lots, par exemple, puis une deuxième fois, en un plus grand nombre, conduit forcément à un émiettement en toutes petites parcelles.

Quand M. de Foville, après avoir constaté que la grande propriété forme près de la moitié de la surface imposable, que la très grande propriété en tient presque le tiers, déclare que « le morcellement a encore devant lui une belle marge et qu'on peut le laisser marcher librement (1) », nous serions d'accord avec lui si le morcellement ne devait attaquer que les grandes propriétés et ne point entamer celles qui ont atteint leur minimum d'importance nécessaire pour rester indépendantes et résister à l'englobement dans un plus gros domaine.

Mais, en fait, il n'en est pas ainsi. Le mot que Benjamin Constant prononçait déjà à la tribune de la Chambre en 1826 : « Le morcellement des terres s'arrêtera toujours au point au delà duquel il deviendrait funeste » est juste si l'on veut au point de vue

---

(1) *Op. cit.*, p. 198.

de la terre elle-même et de l'agriculture, en ce sens que lorsque le sol est arrivé à un certain degré d'émiettement, ses diverses parcelles tendent à se grouper ou plutôt à se joindre à un domaine plus important.

Mais ce travail de reconcentration se fait naturellement au profit de ceux qui ont déjà quelques capitaux par devers eux, et non pas au profit de ceux que le morcellement excessif a chassés de leurs biens.

Ce sont ces derniers qui inspirent, à juste titre, un si vif intérêt aux disciples de Le Play, parce qu'ils cessent ainsi d'être propriétaires par le fait d'un morcellement autorisé par la loi, nous dirons surtout exagéré par la jurisprudence relative au partage en nature (1).

88. — Il est, d'ailleurs, dit M. de Foville, une autre forme de morcellement dont tout le monde est d'accord pour proclamer les inconvénients : il s'agit de la dispersion des propriétés. « Personne n'a jamais soutenu qu'il fût indifférent pour une exploitation agricole d'être réunie tout entière sous l'œil et sous

(1) M. Carton de Wiart (*Réf. soc.*, 16 déc. 1899, p. 869) cite des chiffres qui montrent que le nombre des petites exploitations tend aussi à diminuer en Belgique :

		En 1880	En 189[illegible]
Exploitations	de moins de 2 hectares....	710.000	612.892
—	de 2 à 10 hect.............	158.000	150.000
—	de 10 à 50 hect............	38 169	32.065
—	de plus de 50 hect.........	3.403	3.584

Et l'auteur attribue cette décadence de la petite propriété rurale, non-seulement à la dette hypothécaire et à la dette fiscale, mais au partage successoral et aux dispositions des articles 826 et suiv.

la main de l'exploitant ou de se trouver coupée en 10, 20, 100 morceaux épars.... tout le monde est unanime à déplorer les difficultés qu'entraîne pour un cultivateur la dispersion des surfaces dont il dispose : difficultés de voisinage et d'accès, difficultés de clôture, difficultés d'aménagement, difficultés de surveillance. »

Que l'on nous permette de citer à cet égard des lignes où les inconvénients de cette sorte de morcellement sont exactement indiqués avec beaucoup de compétence : « Quand les parcelles qui constituent une exploitation n'aboutissent pas toutes à un chemin, et que pour aller travailler sur l'une d'elles le propriétaire et les attelages sont obligés de traverser celles d'un voisin, la culture est gênée, c'est une entrave permanente au progrès, une source perpétuelle de pertes, et qui pis est, de querelles et de procès. Pour les éviter, on est dans la nécessité de suivre servilement la culture de son voisin, de façon à labourer, semer et récolter quand il laboure, sème et récolte; il faut que chacun s'astreigne à suivre exactement les mêmes pratiques, sous peine de voir le fruit de son travail compromis et même détruit.

Comment un propriétaire pourrait-il se risquer à faire des prairies artificielles, des racines, alors que les terres de ses voisins seraient couvertes de céréales ?

Il serait forcé de passer sur des récoltes, de faire des dégâts, de même que l'on détruirait ses emblavures pour la moisson des parcelles voisines. L'état du sol trace la seule ornière où il soit permis de marcher. Pour les irrigations, le drainage et pour l'emploi des instruments perfectionnés, l'exiguïté et la dispersion des parcelles offrent d'insurmontables obstacles; on est obligé d'adopter l'assolement et les procédés qui, par la force des choses, s'imposent à tous les habitants de la commune (1). »

89. — La loi du 30 novembre 1894 relative aux habitations à bon marché a apporté, dans son article 8, une dérogation très importante aux dispositions du Code civil sur le partage en nature. Cette loi a pour but, dans son ensemble, de procurer à l'ouvrier le moyen de se créer un foyer, d'avoir une maison à lui.

L'article 8 est destiné spécialement à assurer la stabilité à cette propriété une fois acquise et à en faciliter la conservation à la veuve et aux enfants en cas de mort du chef de famille, précieux résultat que ne permet pas d'atteindre le système du Code civil. « Notre législateur, dit M. Siegfried, le principal promoteur de la loi, dans son rapport, oblige de vendre les biens immobiliers en justice lorsque, parmi les héritiers, se trouvent des mineurs, des absents ou des interdits, lorsque les cohéritiers majeurs et capables désirent sortir de l'indivision et ne s'entendent pas pour régler le partage à l'amiable, enfin lorsque les biens ne sont pas commodément partageables en nature. Les frais de vente en justice sont, de plus, extrêmement élevés.

L'article 8 a pour but de tempérer en faveur des petits propriétaires la rigueur des prescriptions du Code civil, en ajournant le partage entre cohéritiers mineurs jusqu'à l'époque où tous auront atteint l'âge

(1) Tisserand, ancien directeur de l'agriculture, dans *Bullet. de la Soc. d'Econ. soc.*, t. IV, p. 523. Cité par M. de Mun, dans l'exposé des motifs de sa proposition de loi du 4 mars 1890 (*infra*, 102).

de la majorité, *et en permettant aux cohéritiers de reprendre sur estimation la maison paternelle, de façon à réduire le nombre des cas où il y aurait lieu à licitation judiciaire* ».

La première innovation contenue dans cet article 8 consiste à permettre au juge de paix de prononcer, après avis du conseil de famille, le maintien de l'indivision touchant la maison pendant cinq années à partir du décès du chef de famille, à la demande du conjoint ou de l'un de ses enfants, et au cas où il y a des mineurs parmi les descendants, encore pendant cinq ans à partir de la majorité de l'aîné des mineurs (1).

Nous n'avons pas à insister sur ce point qui constitue, à proprement parler, une dérogation au droit de demander le partage en général, nul ne pouvant, aux termes de l'article 815, être contraint à demeurer dans l'indivision.

---

(1) Art. 8. — Lorsqu'une maison individuelle, construite dans les conditions édictées par la présente loi, figure dans une succession, et que cette maison est occupée, au moment du décès de l'acquéreur ou du constructeur, par le défunt, son conjoint ou l'un de ses enfants, il est dérogé aux dispositions du Code civil, ainsi qu'il est dit ci-après : 1° Si le défunt laisse des descendants, l'indivision peut être maintenue, à la demande du conjoint ou de l'un de ses enfants, pendant cinq années, à partir du décès. Dans le cas où il se trouverait des mineurs parmi les descendants, l'indivision pourra être continuée pendant cinq années, à partir de la majorité de l'aîné des mineurs, sans que sa durée totale puisse, à moins d'un consentement unanime, excéder dix ans. — Si le défunt ne laisse pas de descendants, l'indivision pourra être maintenue pendant cinq ans, à compter du décès, à la demande et en faveur de l'époux survivant, s'il en est copropriétaire au moins pour moitié, et s'il habite la maison au moment du décès. — Dans ces divers cas, le maintien de l'indivision est prononcé par le juge de paix, après avis du conseil de famille.....

Nous arrivons à la seconde innovation qui, entamant le système du Code civil consacré dans les articles 826, 827 et 832, doit seule nous occuper.

90. — Elle consiste essentiellement à fournir aux descendants et au conjoint survivant le moyen d'éviter la licitation, en permettant à chacun d'eux de demander l'attribution de la maison sur estimation.

Notons d'abord brièvement quelles sont les conditions d'application de l'article 8, aussi bien relativement au maintien de l'indivision (§ 1er) qu'en ce qui concerne la demande en attribution sur estimation (§ 2) (1).

La première condition exigée par la loi est qu'il n'y ait qu'une seule maison comprise dans la succession ; cette maison doit être individuelle, c'est-à-dire habitée par une seule famille (2).

En second lieu, l'habitation ne doit pas dépasser une certaine valeur locative, variant depuis le chiffre de 90 francs dans les communes au-dessous de 1,000 habitants, jusqu'au chiffre de 300 francs dans les communes de 200,001 et au-dessus et 375 francs à Paris (3). Dans ces limites, l'article 8 s'applique, d'ailleurs, non seulement aux constructions nouvelles des sociétés d'habitations à bon marché, mais à toutes les petites maisons urbaines et rurales déjà existantes (4).

---

(1) Jules Challamel, *Du nouveau régime successoral inauguré par la loi du 30 nov. 1894*, *Réf. soc.*, 16 fév. 1896, p. 273 et s. ; — Alphonse Mellet, *Des modificat. apportées au Code civ. par la loi du 30 nov. 1894*, thèse, 1897, p. 62 et s.

(2) Art. 8 *in principio*.

(3) Art. 5.

(4) Art. 3 de la loi interprétative du 31 mars 1896 : « Les dispositions de l'article 8 de la loi du 30 nov. 1894 sont applicables

Enfin, et c'est la troisième condition, il faut que la maison soit occupée, au moment du décès de l'acquéreur ou du constructeur, par le défunt, son conjoint ou l'un de ses enfants (1).

Voici maintenant la disposition de l'article 8 relative à la faculté de reprendre la maison sur estimation :

« ..... 2° Chacun des héritiers et le conjoint survivant, s'il a un droit de copropriété, a la faculté de reprendre la maison sur estimation. Lorsque plusieurs intéressés veulent user de cette faculté, la préférence est accordée d'abord à celui que le défunt a désigné, puis à l'époux, s'il est copropriétaire pour moitié au moins. Toutes choses égales, la majorité des intéressés décide. A défaut de majorité, il est procédé par voie de tirage au sort. S'il y a contestation sur l'estimation de la maison, cette estimation est faite par le comité des habitations à bon marché et homologuée par le juge de paix. Si l'attribution de la maison doit être faite par la majorité ou par le sort, les intéressés y procèdent sous la présidence du juge de paix, qui dresse procès-verbal des opérations. »

91. — Supposons une succession comprenant une maison et, en outre, si l'on veut, quelques autres immeubles ou quelques valeurs mobilières. Suivant le Code civil, les cohéritiers, s'ils sont d'accord, majeurs et maîtres de leurs droits, peuvent placer la maison dans un lot et composer les autres lots, suivant les cas et les circonstances, au moyen d'autres

---

à toute maison, quelle que soit la date de sa construction, dont le revenu net imposable à la contribution foncière n'excède pas les limites fixées par l'article 5 de ladite loi. »

(1) Art. 8, § 1er.

immeubles, de capitaux ou de soultes. Notre article 8 ne commence à avoir de l'intérêt que dans le cas où ils sont en désaccord et dans le cas où, parmi eux, il se trouve des incapables, c'est-à-dire quand ils sont obligés d'avoir recours au partage judiciaire. Certes, il pourra bien arriver que le juge, faisant une sage application des dispositions du partage en nature, évite la licitation. Mais il est des cas où cela lui sera impossible, si, par exemple, la succession à partager, — et ce sont principalement les petites successions de cette espèce que vise notre article, — ne comprend qu'une maison et quelques valeurs mobilières. La maison, immeuble impartageable, devra être licitée, ce qui aura pour effet, le plus souvent, de la faire passer en des mains étrangères, et de faire disparaître une fois de plus le foyer créé par le père où l'un de ses descendants aurait pu continuer ses traditions et conserver un asile toujours ouvert à ses frères et sœurs touchés par la mauvaise fortune. Voilà le résultat que les auteurs de la loi ont voulu prévenir en accordant à chacun des héritiers et au conjoint survivant, s'il a un droit de copropriété, la faculté d'écarter l'article 827 du Code civil et de demander pour soi l'attribution de la maison. Ce n'est qu'une faculté qui leur est offerte, et s'il leur plaît de ne point s'en prévaloir, le Code civil reprend son empire, et l'on revient à la licitation.

La loi a déterminé avec soin les conditions d'exercice de cette faculté. Elle accorde d'abord le droit de prendre la maison à l'héritier que le défunt a désigné. A défaut de cette désignation, le conjoint survivant sera préféré aux héritiers, pourvu qu'il soit copropriétaire de la maison au moins pour moitié. En dehors de ces deux cas de préférence, c'est la majorité des coïntéressés, et à défaut de majorité, le hasard qui décidera quel est celui des ayants-droit qui reprendra la maison.

92. — Nous n'avons pas à présenter un commentaire détaillé de l'article 8 de la loi du 30 novembre 1894, mais nous devons en dégager quelques traits qui ont beaucoup d'intérêt au point de vue des modifications plus profondes qui seraient susceptibles d'être apportées dans l'avenir aux dispositions du partage en nature.

En premier lieu, il faut remarquer que l'innovation consacrée par l'article 8 crée un régime spécial de liquidation pour une certaine catégorie de biens, à savoir des maisons dont la valeur locative ne dépasse pas une certaine limite. Si la succession comprend en même temps d'autres biens, propriétés non bâties ou valeurs mobilières, c'est le régime du Code civil qui leur est applicable. L'on aura ainsi à appliquer à la fois dans une même succession deux systèmes aussi différents que celui des articles 826 et 827 du Code civil, d'une part, et celui de l'article 8 de la loi du 30 novembre 1894, d'autre part, l'un prescrivant la licitation, l'autre permettant de l'écarter. Car si, dans la pensée des auteurs de la loi, la nouvelle disposition a été écrite principalement en faveur des petits employés, artisans, ouvriers industriels et agricoles, dont l'héritage sera bien souvent restreint à la maison d'habitation, on peut concevoir des cas où il s'agira de la succession de gens dont les goûts très simples s'accommodaient d'une modeste demeure, et qui cependant possédaient une certaine fortune mobilière ou d'assez importantes propriétés non bâties.

Cette observation nous amène à notre seconde remarque, c'est que la loi de 1894 a entendu favoriser la transmission et la conservation dans la famille non pas de tous les foyers, mais d'une catégorie déterminée de foyers, les petits foyers. Le foyer en général, de quelque importance qu'il soit, dans quelque catégorie sociale qu'on le fasse rentrer, n'a point fait l'objet de sa sollicitude.

En troisième lieu, en ce qui concerne les personnes, une seule catégorie d'héritiers peut bénéficier de l'innovation introduite par l'article 8 (1) : les enfants et descendants du défunt, légitimes, naturels (2) et adoptifs (arg. art. 350 C. civ.).

Supposons, par exemple, un propriétaire qui, n'ayant pas d'enfant, prend chez lui un de ses neveux ; à son décès, il laisse comme héritiers ce neveu et des frères et sœurs de ce dernier. Ce neveu, à qui le défunt portait une affection particulière, ne pourra invoquer l'article 8 pour conserver la maison qu'il habite (3).

En quatrième lieu, la loi attribue, pour la catégorie de biens dont s'agit, compétence spéciale au juge de paix. C'est lui qui, suivant les cas, prononce l'attribution de la maison au profit de celle des parties qui l'a demandée, vérifie les causes légales de préférence, met aux voix la désignation de l'attributaire, ou procède au tirage au sort, enfin dresse procès-verbal de l'opération (4).

---

(1) Le mot « héritiers » est employé dans le § 2 de l'article 8 *secundum materiam* et se réfère aux mots « enfants » et « descendants » des premières lignes de l'article. Mellet, *op. cit.*, p. 81.

(2) Mellet, *ibid.*

(3) Mellet, *ibid.*

(4) Art. 45 Déc. du 21 sept. 1895, portant règlement d'administration publique pour l'exécution de la loi du 30 nov. 1894.

C'est le juge de paix qui statue en cas de contestation sur l'estimation de la maison et en fixe définitivement la valeur ; mais il doit se baser sur un rapport détaillé du comité des habitations à bon marché, s'il en existe un dans la circonscription, à son défaut sur l'estimation d'un expert. S'il y a parmi les héritiers des non-présents, des mineurs ou des interdits, le décret du 21 septembre 1895 impose au juge de paix cette dernière obligation, même s'il n'existe pas de contestation sur la valeur de la maison (1).

Enfin, il est très notable, qu'à part cette dernière disposition prévue par le décret, les mêmes règles régissent les capables et les incapables, et que les garanties que le Code avait cru devoir accorder spécialement aux incapables, formalités de justice, tirage des lots au sort, sont laissées de côté.

93. — Il résulte de ces observations que l'importante innovation de l'article 8 est d'une nature tout à fait exceptionnelle, et que la dérogation à l'article 827 du Code civil qu'elle consacre ne peut être étendue en dehors des conditions que la loi détermine, soit quant aux biens, soit quant aux personnes.

L'exposé des motifs de la loi contient d'ailleurs cette déclaration très nette :

« Nous ne touchons au Code civil que dans la mesure stricte où cela nous a paru nécessaire. La réforme que nous demandons a été réclamée il y a longtemps, le principe en était accepté par un projet

(1) Art. 46 du décret. Il est à noter que lorsqu'il s'agit d'une demande en maintien d'indivision, le juge de paix a un pouvoir d'appréciation beaucoup plus grand ; car il admet ou rejette la requête, après avis du conseil de famille, selon que l'indivision lui paraît présenter des avantages ou des inconvénients.

de loi élaboré à la fin de l'Empire et dont la discussion n'a été arrêtée que par les événements de 1870. La réforme partielle que nous proposons est pleinement justifiée par l'intérêt social que mérite tout ce qui peut améliorer le sort des travailleurs, et par le taux exorbitant des frais de licitation des petits héritages non divisibles. Plus tard on pourra en faire le droit commun. »

Cette réforme ne pourrait-elle pas en effet devenir le droit commun? N'importe-t-il pas de faciliter à toute classe d'héritiers la conservation du foyer, sans limitation de valeur? ne convient-il pas de leur accorder la faculté de repousser la licitation pour toute espèce d'immeubles? ne serait-il pas opportun d'étendre la compétence du juge de paix à la liquidation entière des successions, et de remplacer les règles protectrices des incapables par des garanties moins coûteuses et moins illusoires?

94. — La loi du 30 novembre 1894 contiendrait ainsi le germe d'une réforme profonde du Code civil en matière de partage. Et c'est bien ainsi que ses promoteurs l'ont envisagée, car ils essaient de faire un nouveau pas en avant en étendant le champ d'application des dispositions de cette loi.

M. Siegfried a déposé une proposition de loi sur la conservation des petits patrimoines dont voici les dispositions principales (1) :

Art. 1er. — En vue de faciliter l'acquisition et le

(1) Chambre des Députés, séance du 11 mars 1897. *Réforme sociale* du 1er avril 1897, p. 565. Cette proposition de loi a été votée sans débats par la Chambre des Députés, puis adoptée en première délibération par le Sénat qui l'a modifiée sur plusieurs points importants. *Réf. soc.*, 1er juillet 1899, p. 59.

maintien de la petite propriété rurale à l'ouvrier de la campagne et au paysan petit propriétaire, les dispositions de la loi du 30 novembre 1894 relatives aux habitations à bon marché seront applicables aux petits domaines sous les conditions suivantes.

Art. 2. — La contenance de la propriété ne devra pas excéder 5 hectares ni la valeur de 5,000 francs. La propriété bâtie ou non bâtie devra appartenir à des personnes ne possédant aucun autre immeuble.

. . . .

Art. 4. — Les limitations indiquées par l'article 5 de la loi du 30 novembre 1894 sont maintenues en ce qui concerne les propriétés bâties.

. . . .

Cette proposition de loi a donc pour but d'étendre à une nouvelle catégorie de biens, à savoir le petit domaine rural, le régime d'exception inauguré par la loi du 30 novembre 1894 pour les habitations de modeste valeur locative. « Il ne s'agit point aujourd'hui à proprement parler d'innover, dit le rapporteur, mais seulement de rendre mieux applicables à une espèce particulière les principes posés par la loi du 30 novembre 1894..... La proposition de M. Jules Siegfried se borne à demander leur application aux petits domaines ruraux, en ajoutant seulement pour y parvenir, à la loi de 1894, quelques dispositions de nature à mettre la législation en harmonie avec son nouvel objet (1). »

95. — Nous pensons que c'est ici le lieu de rap-

(1) Rapport de M. Brindeau, sur la proposition de loi Siegfried tendant à faciliter la constitution et le maintien de la petite propriété rurale. Séance du 4 décembre 1897, *Journal offic.*, 1897, Chambre des Députés, annexe n° 2870.

peler que la Belgique régie, comme on sait, par le Code civil, voit se dessiner chez elle, ainsi qu'en France, un mouvement législatif tendant à modifier la législation du partage en matière de successions.

La Chambre des représentants belge a été saisie, le 18 mars 1891, d'une proposition de loi qui s'inspire exactement du même esprit que la loi française de 1894, et dont les dispositions ont une grande ressemblance avec celles de cette dernière.

« Lorsque l'actif immobilier d'une succession, y est-il dit, est d'un revenu cadastral ne dépassant pas 200 fr. et qu'il comprend pour tout ou partie une habitation occupée, au moment du décès, par le *de cujus*, son conjoint ou l'un de ses enfants, il y a lieu d'appliquer les dispositions suivantes :

« I. — La quotité disponible au profit d'un ou de plusieurs des enfants légitimes ne sera pas inférieure à la moitié de l'actif immobilier.

« II. — Chacun des héritiers pourra s'opposer à la licitation ordonnée par les articles 826 et 827 du Code civil, et reprendre sur estimation l'actif immobilier. Il en sera de même du conjoint survivant, s'il a dans cet actif un droit de copropriété. Si plus d'un intéressé veut user de ce droit, il appartiendra d'abord à celui que le *de cujus* aurait désigné, ensuite à l'habitant, de préférence au non-habitant. Toutes choses égales, la majorité des intérêts décidera, et si elle ne se forme pas, le sort.

« En cas de dissentiment sur l'estimation, celle-ci sera définitivement établie par le juge de paix, qui pourra nommer à cet effet un ou plusieurs experts.

« S'il y a des incapables, leurs représentants légaux pourront traiter de la reprise, sous l'autorisation du juge de paix, le conseil de famille entendu.

« III. — Par dérogation à l'article 1094 du Code civil, l'époux pourra, soit par contrat de mariage, soit pendant le mariage, disposer en faveur de l'autre époux, de l'usufruit de tout l'actif immobilier (1). »

96. — Ce projet renferme une disposition toute nouvelle, que nous n'avons pas rencontrée dans la loi du 30 novembre 1894 : c'est celle qui consiste à accorder aux parents la faculté de disposer, au profit des enfants, de la moitié de l'actif immobilier. M. Van der Bruggen, l'un des principaux signataires de la proposition de loi, s'explique à ce sujet en les termes suivants : « ....Les valeurs mobilières n'entrent pas en ligne de compte : s'il en existe, il s'opérera une diminution graduelle du privilège accordé aux parents, et l'on revient à l'article 913 du Code civil, quand l'actif mobilier est égal à l'actif immobilier. Si, au contraire, il n'y a d'autre bien que l'habitation, pour en permettre la reprise par un des héritiers, il est presque indispensable que la quotité disponible soit de moitié. *Les soultes à payer seront ainsi moins considérables, et la garantie de l'immeuble suffira pour obtenir les sommes nécessaires*... Il importe de bien s'en rendre compte : quand, pour tout actif, il n'y a qu'une maison, refuser la faveur proposée équivaudra, en général, à ordonner la vente (2). »

C'est en effet une bien grave question que celle des soultes que doit payer l'attributaire de la maison à

(1) Proposition de loi présentée par MM. Van der Bruggen, de Moreau, Smet de Naeyer, etc., citée dans Le Play, *Organisat. de la fam.*, 3ᵉ appendice, p. 411 et s., 4ᵉ éd., 1895.

(2) Disc. de M. Van der Bruggen, à la Chambre des Représentants belge. Séance du 18 mars 1891, *Réf. soc.*, 1ᵉʳ avril 1891, p. 561.

ses cohéritiers, pour les remplir de leurs droits sur la succession. « Dans bien des cas, dit M. Challamel, la difficulté sera grande; car, on ne trouvera pas dans le patrimoine du défunt somme suffisante pour les apportionner. Si la maison, formant le seul actif appréciable de la succession, est estimée 3,000 fr., et qu'elle soit reprise par l'époux survivant, les héritiers pourront exiger le paiement immédiat de 1,500 fr. (sauf, bien entendu, application des dispositions de la loi du 9 mars 1891 qui donne au conjoint venant en concours avec des enfants l'usufruit du quart de la succession).

Que si l'attributaire est un des héritiers, le *de cujus* ayant laissé sa femme commune en biens, et trois enfants, la soulte à payer sera des 5/6 du prix d'estimation, soit 2,500 fr.

Joignez à cela le droit de succession en ligne directe : 1 fr. 25 °/₀, décimes compris; le droit de soulte : 5 °/₀, décimes compris (1). »

M. Challamel regrette que la loi de 1894 n'ait pas cherché à faciliter la libération de l'héritier chargé de soultes qui, à défaut de fortes économies lui permettant de les payer sur-le-champ sera obligé, ou de faire appel au bon vouloir de ses cohéritiers, ou de recourir à l'emprunt.

Le premier moyen étant bien incertain, le second bien onéreux, M. Challamel pense avec raison que la loi aurait dû accorder à l'héritier qui exerce le droit de reprise un certain délai pour se libérer. Il estime cependant que la position du débiteur justifiera bien souvent, de la part du juge, la concession d'un

(1) Challamel, *Du nouveau régime successoral inauguré par la loi du 30 nov. 1894*, *Réf. soc.*, 16 fév. 1896, p. 283.

délai de grâce, aux termes de l'article 1244 du Code civil.

Mais comme ce même article recommande d'user de ce pouvoir avec une grande réserve, c'est un remède bien insuffisant pour améliorer la situation de l'attributaire de la maison.

Aussi, M. Van der Bruggen demande-t-il une mesure plus énergique. L'extension de la quotité disponible aux mains du père de famille lui paraît seule de nature à lui permettre d'équilibrer, dans un esprit de justice, les situations respectives de l'héritier débiteur et des héritiers créanciers de soultes (1).

Il est à remarquer aussi que cette disposition consacrerait une dérogation, indirecte il est vrai, puisqu'il s'agit de ne l'appliquer qu'à la succession testamentaire, au principe que la loi ne considère ni la nature ni l'origine des biens pour en régler la succession, ce qui exclut, par conséquent, cette distinction entre l'actif immobilier et l'actif mobilier que l'on introduit ici.

---

(1) Le Code civil portugais, promulgué le 1er juillet 1867 (trad. Fernand Lepelletier, 1894), contient une disposition spéciale destinée à protéger les héritiers contre le paiement de soultes trop élevées, art. 2146 : « Si l'un des intéressés déclare qu'il ne veut pas se soumettre à donner une soulte, il ne pourra y être contraint, si cette soulte excède le tiers de sa part, et l'on procédera à la vente aux enchères de l'objet tombé dans son lot. » C'est l'intérêt de l'héritier, chargé de soulte, qui paraît aussi avoir motivé la rédaction de l'article 2049 du Code civil allemand (trad. de Meulenaere, 1897), ainsi conçu : « Si le *de cujus* a disposé que l'un des cohéritiers aura le droit de reprendre un domaine rural appartenant à la masse, l'on admet, en cas de doute, que ce domaine sera estimé à sa valeur de rendement. Cette estimation se détermine d'après le revenu net que le domaine rural peut fournir constamment, eu égard à sa destination économique actuelle, au moyen d'une exploitation régulière. »

Aussi, l'importance des questions qu'elle met en jeu semble, après réflexion, avoir fait écarter l'idée d'introduire dans la législation cette innovation à titre accessoire. Car la proposition de loi du 18 mars 1891 ayant subi des amendements de la part de la Commission chargée de l'examiner, et présentée de nouveau le 31 janvier 1893, ne contient plus la disposition relative à l'extension de la quotité disponible à la moitié de l'actif immobilier.

En revanche, le champ d'application de la proposition de loi se trouve étendu aux terres dépendant de la maison d'habitation, c'est-à-dire aux terres que « l'occupant de celle-ci exploite en faire-valoir direct (art. 2) (1). »

Le législateur belge réaliserait ainsi dans une seule loi la réforme que le législateur français a accomplie déjà, en ce qui concerne la maison d'habitation, et celle dont il est actuellement saisi, relativement au petit domaine rural (2) ».

97. — L'attention du législateur a été, d'autre part, depuis longtemps attirée sur la situation faite aux incapables et en particulier aux orphelins mineurs par

(1) Voy. dans Le Play, *op. cit.*, 3e appendice, p. 412, l'art. 4 de la proposition de loi belge amendée. Cette proposition, remaniée pour la troisième fois, a été présentée de nouveau le 4 juillet 1899 : « Chacun des héritiers en ligne directe, de même que le conjoint survivant, s'il a un droit de copropriété, a la faculté de reprendre sur estimation, soit la maison, soit la maison et les terres qui en dépendent. »

(2) Nous n'insistons pas davantage sur cette question des soultes successorales, car elle est trop intimement liée à celle de l'extension de la quotité disponible, dont la haute gravité demande qu'on en fasse l'objet d'une étude spéciale. Voy. notamment, à ce sujet, les observations de M. Claudio Jannet, dans *Réf. soc.*, 16 déc. 1891, p. 897.

suite de l'obligation de recourir aux formalités de justice, et de se conformer aux articles 826, 827 et 832 C. civ., dans toute succession où ils sont intéressés.

Nous n'insisterons pas sur la question des frais élevés, occasionnés par cette nécessité, et qui grèvent lourdement les petites successions. On se rappelle le tableau saisissant que Le Play a tracé, il y a quelque soixante ans, de la disparition en frais judiciaires de la presque totalité d'une petite succession où figuraient quatre enfants mineurs (1). Et s'il est juste de reconnaître que la loi du 2 juin 1841, qui a abrogé un assez grand nombre de formalités, et la loi du 23 octobre 1884 (2) qui a réduit les frais de ventes judiciaires des petits immeubles, ont réalisé quelques réformes, cependant les partages judiciaires entraînent encore des frais exagérés, eu égard aux garanties de protection qu'ils procurent aux incapables.

L'intervention de la justice, le tirage des lots au sort, la vente aux enchères publiques, sont des formalités dont la raison d'être est de protéger l'incapable, nous dirons le mineur pour prendre le cas le

(1) Le Play, *Organisat. de la famille*, 2e appendice.

(2) L'article 3 de cette loi stipule : « § 1er. Lorsque le prix d'adjudication..... ne dépassera pas 2,000 francs....., toutes les sommes payées au Trésor public pour droit de timbre, d'enregistrement, de greffe et d'hypothèques, applicables aux actes rédigés en exécution de la loi pour parvenir à l'adjudication, seront restituées, ainsi qu'il est stipulé dans l'article 4 ci-après ; — § 2. Lorsque le prix d'adjudication ne dépassera pas 1,000 francs, les divers agents de la loi subiront une réduction d'un quart sur les émoluments à eux dus et alloués en taxe. » — De plus, l'art. 5 accorde au tribunal la faculté de limiter les frais concernant les placards et insertions.

plus fréquent et le plus intéressant. Et il est incontestable qu'elles sont utiles et efficaces pour prévenir toute possibilité de partialité préjudiciable aux mineurs, pour déjouer toute fraude qui pourrait être organisée contre eux. Mais cette protection ne dépasse-t-elle pas son but, ne trouve-t-elle pas sa contre-partie fâcheuse dans la situation désavantageuse qui souvent leur est créée par le résultat final de la licitation? Le recours aux enchères est un sûr moyen pour un bien d'atteindre un prix élevé et tout au moins sa valeur réelle, mais à la condition qu'il y ait un assez grand nombre d'amateurs. Si un seul, ou deux, ou trois enchérisseurs, qui peuvent facilement s'entendre, se présentent lors de la mise en adjudication, la licitation risque de devenir une bien peu brillante affaire pour les mineurs, si même par son fait, leurs intérêts ne se trouvent pas compromis. On a cité le fait d'un immeuble vendu aux enchères 17,000 francs, alors qu'un cohéritier majeur en offrait 25,000 francs. Les mineurs avaient droit au quart de la succession : ils eurent le quart de 17.000 francs au lieu du quart de 25.000 francs (1). « Sans doute, dit M. Hubert-Valleroux, le cohéritier qui a fait l'offre peut se présenter et acheter le bien ; mais il devra alors supporter en plus les frais excessifs d'adjudication; et puis, pour racheter, il faut qu'il ait de l'argent comptant, il n'est pas admis à faire ce qui est possible en matière de vente volontaire ou dans les partages entre majeurs, c'est-à-dire à offrir de payer des soultes et de les payer par annuités, la propriété même répondant de l'exactitude de ses versements. »

---

(1) Hubert-Valleroux, *L'Economiste français*, 15 février 1896.

98. — D'autre part, n'est-il pas choquant de voir la loi obliger à l'aliénation de leurs biens impartageables des cohéritiers, d'accord entre eux, tous également désireux de conserver dans la famille les biens paternels, quelqu'un ou quelques-uns d'entre eux ayant les aptitudes nécessaires pour prendre en main la direction de l'exploitation rurale, de l'établissement commercial ou industriel ? Et cela, pour quelle raison ? Parce qu'il y a des mineurs parmi eux. C'est le seul obstacle à la réalisation de leurs désirs légitimes, à la satisfaction de leurs goûts et convenances. N'est-il pas regrettable que le tirage au sort des lots soit le seul moyen de sortir d'indivision offert par la loi, quand parmi les copartageants figurent des mineurs ? Les cohéritiers majeurs doivent faire taire leurs préférences pour telle ou telle nature de biens ; les représentants légaux des mineurs regretteront en vain de ne pouvoir faire prévaloir telle combinaison que leur suggère l'observation des aptitudes naissantes de leurs pupilles : tout partage d'attribution leur est interdit. Le sort seul doit décider de la distribution des biens entre les copartageants. C'est mettre le mineur sous la protection du hasard. Nous savons combien est apparente et insuffisante l'égalité qu'il assure, et, à notre humble avis, il est une ressource extrême à laquelle il ne faut recourir qu'après avoir épuisé tous les moyens de calcul et de prévoyance dont peut user légitimement la liberté humaine.

Quand les cohéritiers majeurs, et les représentants légaux des mineurs sont d'accord, quand il ne s'élève entre eux aucune contestation, est-ce faire preuve d'un optimisme exagéré que de penser que le sort aveugle n'est point une protection indispensable pour les mineurs et qu'il n'est pas impossible d'assurer à ces intérêts sacrés des garanties conciliables avec la liberté des arrangements les mieux adaptés aux goûts et aux besoins de chaque copartageant? N'est-il point désirable que le domaine du hasard se rétrécisse pour laisser plus de place à la liberté et à la responsabilité des contractants?

Il faut avouer d'ailleurs que la pratique s'est ingéniée à atteindre ce but, en tournant la loi. On opère les partages à l'amiable, malgré l'existence des mineurs, au moyen de la clause de porte-fort. Ou bien on simule des contestations imaginaires pour les régler à l'amiable par des transactions fictives qu'on fait homologuer par les tribunaux (art. 467 C. civ.).

99. — Le gouvernement impérial avait préparé et présenté, le 19 novembre 1867, au Corps législatif, un projet de loi « concernant les ventes judiciaires d'immeubles, les partages et la purge des hypothèques » qui, dans certaines de ses dispositions, essayait de donner satisfaction aux desiderata que nous venons de formuler. L'article 149 permettait aux parties, sous diverses conditions « lorsqu'il y a parmi elles des mineurs, des interdits ou des absents, pourvu que les uns et les autres soient légalement représentés, de procéder à l'amiable aux opérations de compte, liquidation et partage, sans qu'il soit nécessaire de tirer les lots au sort, ni d'observer l'article 832 C. civ. » Les parties sont donc, d'après cette disposition, autorisées à procéder à un partage amiable, dans le cas où, parmi elles, se trouvent des incapables. Elles peuvent recourir à telles ou telles combinaisons qui leur permettent d'éviter une licitation et de satisfaire le mieux leurs goûts et leurs convenances.

Remarquons en passant que le texte précité, en dispensant de l'observation de l'article 832, semble faire allusion à l'article dans son intégralité, alors qu'en réalité c'est le second alinéa seul de l'article, nous le savons, qui est critiquable : ceci est encore une preuve de la tendance générale que nous avons signalée dans la jurisprudence et la doctrine, à tenir un compte insuffisant du premier alinéa, et nous avons combattu cette interprétation défectueuse qui consiste à négliger toute une partie principale du texte.

Cependant le projet n'a point manqué d'organiser des garanties, pour la sauvegarde des intérêts des incapables.

Ce sont les suivantes :

« 1° Le partage sera précédé d'une estimation des biens faite par un ou trois experts nommés par le président du tribunal du lieu de l'ouverture de la succession, sur requête présentée au nom de tous les intéressés.

« 2° Le partage sera toujours fait par acte notarié ; le notaire sera choisi comme il vient d'être dit pour l'expert.

« 3° Il devra être approuvé par délibération du conseil de famille des mineurs ou interdits : la délibération devra être unanime ; ne pourront y prendre part ni les copartageants, ni leurs parents ou alliés en ligne directe, sauf à pourvoir conformément à l'article 409 Code civ.

« L'acte et la délibération devront être homologués par jugement du tribunal, rendu sur la requête collective des parties, le ministère public entendu (1). »

(1) *Bulletin de la Société de législat. comparée*, t. Ier, années 1869-1872, p. 135.

« A quel moment, a-t-on dit pour soutenir ce projet (1), à quel moment aujourd'hui se manifeste la protection dont la loi veut entourer les intérêts sacrés des mineurs? Au moment de l'homologation de la liquidation par le Tribunal, et à ce moment seulement. Est-il besoin de montrer, en effet, que cette protection ne résulte ni de la nécessité d'une assignation, ni d'une polémique judiciaire dont l'article 815 fait les frais, ni du jugement rendu pour nommer des experts ou un notaire ? Tout cela peut être remplacé par une requête au président et par une ordonnance de ce magistrat ; et c'est seulement l'examen du Tribunal et la sentence d'homologation qui constitueront la protection et la sauvegarde des intérêts des mineurs. Eh bien ! le projet de loi ajoute à cette protection du juge la protection des membres non intéressés de la famille et des amis du mineur. Il associe le conseil de famille à la justice. L'approbation du conseil de famille doit être unanime ; et, c'est après une expertise, après le travail d'un notaire commis, après la déclaration solennelle des parents et des amis du mineur que le ministère public examinera la liquidation dans l'intérêt des mineurs, et que le Tribunal sera mis en demeure de se prononcer. »

Cependant, des partisans déterminés du système de la loi actuelle pour qui, non pas l'intervention du Tribunal, mais le tirage au sort des lots et la publicité des enchères sont encore les meilleures sauvegardes des intérêts des incapables, prétendent qu' « en pratique le jugement d'homologation ne sera qu'une pure formalité... En l'absence de contestations, l'exa-

(1) Greffier, ancien directeur des aff. civ. au minist. de la justice, *ibid.*, p. 141.

men du Tribunal sera nécessairement superficiel et ne constituera qu'une garantie à peu près illusoire... On ne peut non plus attacher une grande importance aux avis du conseil de famille qui sera le plus souvent composé d'amis, puisque les parents ayant intérêt au partage en seront naturellement exclus (1). »

Il est permis de penser que ces critiques sont un peu exagérées, et les craintes à l'endroit des garanties accordées aux incapables peu justifiées; et nous inclinerions plutôt à croire que le Tribunal apporterait d'autant plus de soin et de vigilance dans sa sentence d'homologation que les garanties anciennes du tirage au sort et de la licitation auraient disparu (2).

100. — Cependant, les réformateurs ne sauraient

---

(1) *Bulletin*, etc., *ibid.*

(2) M. Cauwès (*Cours d'écon. polit.*, 3e éd., 1893, t. III, n° 1048) donne son approbation à ces dispositions du projet de 1857 et « il est permis, dit-il, de regretter que cette modification, suffisamment protectrice des intérêts des incapables, n'ait pas abouti. »

Rappelons qu'en 1878, M. Edmond Turquet avait saisi la Chambre des Députés d'une proposition de loi sur les ventes judiciaires d'immeubles appartenant à des mineurs et tendant a modifier les articles 953 à 965 du Code de procédure civile (*Jour. offic.*, séance de la Chambre du 9 mars 1878, annexe n° 476, p. 3217). D'après cette proposition de loi qui, d'ailleurs, n'a pas abouti, le conseil de famille autorisait la vente des biens immeubles appartenant à des mineurs, et désignait le notaire chargé d'y procéder. Cette vente devait avoir lieu aux enchères publiques, devant le juge de paix du canton qu'habite le notaire. La délibération du conseil de famille était dispensée de la formalité de l'homologation par le tribunal civil, si elle était prise à l'unanimité. L'article 963 Code proc. civ. modifié portait notamment que « dans les cas prévus par les articles 457 et 827 Code civ., si les immeubles sont indivis soit entre mineurs, soit entre majeurs et mineurs, les parties, au lieu de poursuivre la licitation, pourront, lorsqu'elles seront d'accord à cet effet, faire procéder à la vente dans les nouvelles formes. »

se montrer trop circonspects dans une matière où les intérêts des incapables sont engagés, et l'exemple de la Belgique doit leur conseiller une extrême prudence. On sait qu'une loi du 12 juin 1816 a modifié dans ce pays les dispositions du Code civil et du Code de procédure civile relatives aux partages intéressant les mineurs et les interdits. Cette loi a eu pour but de diminuer les frais et de simplifier la procédure. Elle permet les partages amiables : l'obligation de l'expertise en cas de désaccord sur la composition des lots, le ministère d'un notaire dans tous les cas, l'avis du conseil de famille, l'homologation de la justice, telles sont, comme dans le projet de 1867, les garanties organisées dans l'intérêt des incapables. Mais une différence très notable consiste à accorder la surveillance et la direction du partage au juge de paix. Eh bien ! si cette loi a pu donner quelque bon résultat économique, en permettant d'éviter des licitations inopportunes et un morcellement déraisonnable, il paraît que « d'un autre côté, le but qu'on avait voulu atteindre a été en partie manqué. On n'est arrivé, dit-on, ni à diminuer notablement les frais, ni à assurer une protection efficace des intérêts des mineurs...

Le juge de paix, chargé de présider aux opérations de la liquidation, est malheureusement intéressé à multiplier les vacations et manque parfois des lumières nécessaires pour contrôler le travail du notaire. Ce dernier est le plus souvent l'ami du tuteur, et n'a pas moins d'intérêt que le juge de paix à laisser traîner en longueur les opérations de la liquidation...

Tout le monde, en Belgique, pense qu'une réforme est indispensable. Prise en elle-même, la loi est excellente, et tout le mal est venu de la manière dont on procède en Belgique à la nomination des juges de paix (1). » On estime que la mission délicate confiée au juge de paix exige que sa fonction ne soit pas le premier et le plus modeste échelon qui sert de point de départ pour monter dans la hiérarchie judiciaire, mais qu'elle soit remplie par des magistrats d'une science et d'une expérience éprouvées.

Ces observations faites il y a déjà plus de trente ans ne sont point dépourvues d'intérêt, aujourd'hui que s'accentue dans la législation et l'opinion publique une tendance à accroître les attributions des juges de paix.

101. — Le projet de loi de 1867 contenait encore une autre disposition qui se rattache étroitement à notre sujet et qui concerne indifféremment les partages intéressant les capables et les incapables. Nous faisons allusion à l'article 145 ainsi conçu : « Si, les droits des copartageants étant inégaux, le Tribunal estime que le tirage au sort présenterait des difficultés ou des inconvénients graves, le Tribunal peut, soit autoriser la formation des lots, d'après l'importance des droits respectifs, et leur attribution sans tirage au sort, soit ordonner le prélèvement et l'attribution de lots correspondant aux parts inégales et le tirage au sort du surplus (2). »

Les droits des héritiers sont inégaux, lorsque ceux-ci viennent à une même succession à des titres différents. Dans le système de la loi actuelle, cette inégalité de droits conduit presque forcément à la licitation

(1) M. Rollin-Jacquemyns, *Bull. de la Soc. de législ. comp.*, t. Ier, p. 137.

(2) Cité dans Barafort, *Des partages d'ascend.*, 1870, p. 139.

des immeubles, si l'on veut, comme la loi le prescrit, éviter le morcellement excessif. Un exemple emprunté à la jurisprudence va éclairer ce point.

Une succession comprenait des immeubles se composant de trois corps de biens, sur lesquels les deux cohéritiers avaient des droits inégaux, l'un étant copropriétaire des neuf seizièmes des biens de la succession, et l'autre des sept seizièmes. Si l'on eût voulu procéder à un partage en nature, il aurait fallu composer seize lots, et attribuer ensuite, par la voie du tirage au sort, respectivement à chaque cohéritier, sept et neuf lots. Mais le Tribunal n'eut pas de peine à se ranger à l'avis des experts qui constatèrent que « d'après leur importance et leur nature, les immeubles n'étaient pas susceptibles d'être divisés en seize lots sans produire un morcellement qui entraînerait une dépréciation considérable, et causerait, pour l'exploitation des lots privés de bâtiments, des difficultés très onéreuses (1). » En conséquence, le Tribunal ordonna la licitation.

L'article 145 précité du projet de 1867 se propose d'écarter cette alternative fâcheuse entre le morcellement et la licitation dont le résultat fréquent est de mettre aux mains de tous les cohéritiers le simple équivalent pécuniaire de leurs droits.

Dans ce but, elle offre deux moyens. En premier lieu, le Tribunal pourra, pour reprendre notre exemple, ordonner, au profit de l'héritier ayant droit aux neuf seizièmes des biens de la succession, le prélèvement de deux seizièmes ou d'un huitième, et le lui attribuer; puis, les droits de chaque cohéritier se trouvant ainsi de part et d'autre de sept seizièmes et par conséquent

(1) Cass. Civ., 11 août 1875; Dall., 75, 1, 461; Sir., 76, 1, 468.

égalisés, on compose avec le surplus deux lots égaux que l'on tire au sort.

Le second moyen consiste à ne faire qu'une seule opération en écartant tout tirage au sort : on attribue à chaque cohéritier le lot qui lui revient, après l'avoir formé d'après l'importance de ses droits respectifs, soit de neuf seizièmes, d'une part, de sept seizièmes de l'autre.

Ceux qui voient avec méfiance accorder au juge le pouvoir de faire des partages par voie d'attribution préféreront sans doute le premier moyen, parce qu'il laisse encore une place importante au tirage au sort.

Il est d'ailleurs intéressant de rappeler que déjà au cours de la discussion de la loi du 2 juin 1841 sur les ventes judiciaires de biens immeubles, on avait présenté, dans le sens du second moyen, un amendement conçu en ces termes : « Si les droits des copartageants sont inégaux, le Tribunal pourra, après avoir pris l'avis du conseil de famille, s'il y a parmi eux des mineurs ou des interdits, ordonner par voie d'attribution le prélèvement des droits inégaux (1). »

On ne doit pas, pensons-nous, s'exagérer les dangers qu'il y aurait à permettre au juge de faire des partages par voie d'attribution. Si des héritiers majeurs et capables sont seuls en cause, ils pourront toujours débattre leurs intérêts devant le tribunal. Si le partage intéresse des incapables, il est indispensable d'organiser des garanties spéciales en leur faveur, ce que le projet de loi de 1867 avait fait d'une manière assez satisfaisante.

102. — Des propositions de loi postérieures dues

(1) Cité dans Barafort, *op. cit.*, p. 138.

à l'initiative parlementaire sont venues demander des modifications aux articles 826 et 832 sans prétendre écarter le tirage au sort ni transformer le partage judiciaire en un partage d'attribution.

C'est d'abord une proposition de MM. Mortimer-Ternaux, Lucien Brun et Baragnon, relative à la modification des articles 832 et 1079 du Code civil. L'article 832 était modifié de façon à ce que chaque lot puisse être composé, au besoin, d'une seule nature de biens, et le nouvel article 1079 accordait à l'ascendant la faculté de former les lots de cette façon (1).

Nous n'insistons pas sur cette proposition de loi, car, plus récemment, le 4 mars 1890, M. de Mun a présenté une proposition tout à fait analogue, et tendant à modifier les articles 826, 832 et 1079 du Code civil (2). Cette dernière est conçue en ces termes :

Art. 826 modifié : Chacun des cohéritiers ne peut demander sa part en nature des meubles et immeubles de la succession que sous la réserve de la disposition de l'article 832 (le reste comme au Code civil).

Art. 832 modifié : Dans la formation et composition des lots, on doit éviter de morceler les héritages et de diviser les exploitations. Chaque lot peut être composé exclusivement ou en quantités différentes

(1) Voy. Discussion sur la prise en considération de cette proposition dans *Journal offic.*, séance de l'Assemblée nat. du 24 juin 1871, année 1871, p. 1541. — Le 28 juin 1870, M. Émile Ollivier, garde des sceaux, avait déjà présenté au Sénat, au nom du gouvernement, un projet de loi semblable, portant modification des articles 826 et 832.

(2) *Journal offic.*, 4 mars 1890, Doc. parlem., Chambre, sess. extraord. ; séance du 7 mars 1889, annexe 146, p. 272.

de meubles et d'immeubles, de droits et de créances de même nature et valeur (1).

103. — Ce nouveau texte est-il vraiment modificatif du texte actuel, ou n'en serait-il plutôt qu'interprétatif? Si d'abord nous rapprochons l'article 826 de la première phrase de l'article 832, nous voyons que cette dernière contient une disposition dont l'application doit mettre en échec l'article 826. Or, nous avons essayé de montrer que dans l'état actuel des textes, la même solution s'impose, de subordonner le droit pour chaque cohéritier de demander sa part en nature, à la prescription d'éviter le morcellement des héritages dans la composition des lots. Sur ce point, le texte proposé ne fait, à notre avis,

(1) M. de Mun propose également d'ajouter à l'art. 1079 le paragraphe suivant : « En cas d'une action intentée par l'un des copartageants, les biens devront être estimés d'après leur valeur à l'époque du partage. Cette action sera prescrite par deux ans, à partir du décès de l'ascendant, quand il s'agira d'un partage entre-vifs et par cinq ans quand il s'agira d'un partage testamentaire. »

La jurisprudence (Cass. Civ., 4 juin 1862; Dall., 62, 1, 401; — Cass. Civ., 28 juin 1864; Dall., 64, 1, 280; — Cass. Civ., 29 août 1864; Dall., 64, 1, 345), décide qu'en cas de demande en rescision pour cause de lésion, c'est sur la valeur des biens, lors du décès, qu'il faut se régler, même s'il s'agit d'un partage d'ascendant par acte entre-vifs.

D'autre part, cette action en rescision se prescrit suivant le droit commun, par dix ans, quand il s'agit d'un partage fait par acte entre-vifs; par trente ans, quand il s'agit d'un partage testamentaire. Il résulte de cette double solution une incertitude extrêmement fâcheuse pour les attributions faites par le père de famille, à laquelle le texte précité a pour but de porter remède. — Notons à ce sujet que le Code hollandais (art. 117) décide que l'action en nullité du partage fait par l'ascendant se prescrit par un laps de temps de trois ans.

qu'interpréter le texte actuel en le précisant (1).

Quant à la seconde phrase de l'article 832 : « Chaque lot peut être composé, etc... », on peut penser qu'elle ne signifie pas autre chose que la première ou plutôt qu'elle en est le développement, c'est-à-dire que dans le but d'éviter le morcellement des héritages et la division des exploitations, il sera loisible de composer les lots exclusivement ou en quantités différentes de meubles et d'immeubles, de droits et de créances de même nature et valeur.

Mais l'auteur de la proposition a voulu introduire, pensons-nous, une réforme plus profonde dans la loi et la seconde phrase de l'article 832 a une portée plus générale. Cette disposition prétend dire exactement le contraire de la disposition actuelle : « il convient de faire entrer dans chaque lot, s'il se peut, la même quantité de meubles, d'immeubles, etc..... » Mais alors, que devient le principe posé dans l'article 826 modifié, à savoir que chacun des cohéritiers peut demander sa part en nature ? car il y est bien maintenu quoique d'une façon conditionnelle. N'est-il point anéanti par l'article 832, 2e alinéa ? Pour échapper à cette contradiction entre les deux dispositions, il faut bien avouer que celle de l'article 832, 2e alinéa, malgré la généralité de ses termes, réserve des cas

---

(1) La modification que M. Edouard Le Roy propose d'apporter à l'article 832 (Propos. de loi ayant pour objet de combattre la dépopulation, *Journal offic.*, 1892, Doc. parlem., Chambre, annexe 2182, p. 1284), appelle la même observation. Le nouvel article 832 serait ainsi conçu : « Dans la formation et composition des lots on doit, autant que possible, éviter de morceler les héritages et de diviser les exploitations, et il convient (*modification*) de réunir dans le même lot les biens qu'il y aurait inconvénient à séparer, notamment les immeubles de même nature, situés dans la même localité. »

où chaque cohéritier pourra demander sa part en nature. Mais quels sont ces cas?

L'exposé des motifs de la proposition montre clairement que c'est pour éviter une licitation inopportune que l'on accorde soit au père de famille, dans le partage d'ascendant, soit au juge, dans le partage judiciaire, la faculté de composer les lots de meubles et d'immeubles en quantités inégales. Le cas se présentera, par exemple, comme nous l'avons vu, quand les héritiers ont des droits inégaux sur la succession. Chaque cohéritier pourra donc demander sa part en nature dans tous les autres cas où, ni le morcellement excessif de l'héritage, ni une licitation inopportune ne sont à craindre : par exemple, deux cohéritiers ont à se partager une succession comprenant deux immeubles de même nature et valeur, outre une somme d'argent.

Chaque cohéritier s'opposerait légitimement à un mode de composition des lots qui consisterait à placer les deux immeubles dans un lot et tout le numéraire, plus des soultes, s'il y avait lieu, dans l'autre, et il pourrait demander l'attribution d'un immeuble à chaque lot.

104. — Au reste, c'est le père de famille ou le juge, selon qu'il s'agira d'un partage d'ascendant ou d'un partage judiciaire, qui auront à apprécier dans quels cas le partage en nature devra être admis ou écarté.

En ce qui concerne les partages d'ascendants, l'examen du Code civil nous a conduit à cette conclusion que les articles 826, 827 et 832 ne leur sont pas applicables, et que le père de famille peut distribuer les diverses natures des biens de son patrimoine entre ses enfants, comme il l'entend, c'est-à-dire au mieux des intérêts de ces derniers. La modification proposée à nos textes nous paraît donc inutile.

Cette réserve faite, la faculté même qu'on accorde au père de famille de composer de diverses natures de biens des lots dont il fait lui-même l'attribution mérite toute approbation. Mais en tant que le texte proposé intéresse les partages judiciaires, il peut soulever une critique assez juste.

C'est que, tandis qu'on accorde une grande latitude au juge dans la composition des lots, on ne lui donne pas le droit corrélatif de faire lui-même les attributions de lots. On maintient le tirage au sort. « Le remède serait pire que le mal, a-t-on dit, et la réforme irait au rebours de l'intention des réformateurs, si le juge ayant le pouvoir de composer les lots à son gré, à la seule condition d'observer l'égalité de valeur, on laissait ensuite aux chances du sort le soin d'en faire l'attribution. C'est alors que le partage courrait le risque d'être fait à contresens des aptitudes personnelles de chacun des copartageants (1). »

Et il faut avouer que l'on n'échappe qu'en partie à ce reproche, si l'on répond que le texte proposé par M. de Mun permet au juge de composer les lots de diverses natures de biens, uniquement dans le but d'éviter un morcellement exagéré ou la licitation, et que par conséquent son rôle reste impersonnel, qu'il n'atteint les personnes qu'indirectement par les biens, et que le tirage au sort conserve ainsi sa raison d'être, le magistrat n'étant point fait juge des aptitudes et convenances personnelles des copartageants.

Car il n'en reste pas moins vrai que les hasards

(1) Bufnoir, *Bull. de la soc. de législ. comp.*, t. Ier, p. 138 et s.

du tirage au sort pourront contrarier singulièrement les intérêts de chaque copartageant.

105. — Une loi du 22 mai 1887 sur le partage et la vente judiciaire des immeubles, promulguée dans les pays de droit rhénan — qui, comme on le sait, étaient régis par le Code civil, avant la promulgation du Code civil allemand en vigueur dans toute l'étendue de l'empire d'Allemagne, depuis le 1er janvier 1900 — avait modifié très heureusement les articles du partage en nature, en ce qui concerne le point qui fait l'objet de notre présent examen. Voici ces dispositions :

« ... Art. 8. — Le partage a lieu conformément aux prescriptions suivantes, à moins de convention contraire des parties comparantes.

Art. 9. — Les objets indivis sont partagés en nature et au besoin tirés au sort par lots, toutes les fois qu'ils sont commodément partageables; cependant, on doit éviter, autant que possible, le morcellement des immeubles.

Le partage en nature est écarté lorsqu'une partie intéressée s'y oppose et que son opposition repose sur un motif sérieux et valable d'après les circonstances. L'opposition doit être regardée comme fondée notamment :

1° Lorsque l'aliénation est nécessaire pour éteindre des dettes communes; — 2° lorsque les lots à former sont inégaux, quant à la nature ou à la valeur des objets, et que les opposants ont dans l'indivision des droits supérieurs à la moitié.

. . . .

Art. 70. — Sont abrogés les articles 822 à 828, 834 et 835, 837 à 840 C. civ., le premier alinéa de l'article 832 et les articles 945 à 985 C. proc. civ., ainsi que la loi du 18 avril 1855 (1). »

Une loi du 14 juin 1888, absolument identique, avait été promulguée pour l'Alsace-Lorraine (2).

Il résulte en premier lieu de ces dispositions que le tirage au sort n'est point imposé d'une façon obligatoire. Il semble bien être conforme au vœu de la loi qu'on y ait recours quand un partage en nature est possible, car dans ce cas il n'entraîne pas d'inconvénients sérieux. Si, au contraire, le partage en nature est écarté, ce sera bien le cas de profiter de la faculté accordée par la loi de faire un partage d'attribution.

Et ainsi, d'un côté, partage en nature et tirage au sort des lots, d'un autre côté, partage en valeur et attribution des lots, voilà deux institutions à double branche, pour ainsi parler, qui ont été admises concurremment avec beaucoup de sagesse.

Le législateur français pourrait, pensons-nous, s'inspirer avec fruit de cette combinaison.

La seconde innovation contenue dans ces lois allemandes n'est pas moins remarquable. Ce sont les intéressés eux-mêmes qui peuvent s'opposer au partage en nature, pourvu que leur opposition repose sur un motif sérieux et valable, d'après les circonstances, ce qui est laissé à l'appréciation du juge.

Cependant l'opposition doit être regardée comme fondée, lorsque les lots à former sont inégaux, quant à la nature ou à la valeur des objets, et que les opposants ont dans l'indivision des droits supérieurs à la moitié. L'héritier qui a droit à un immeuble pour les

(1) *Annuaire de législation étrangère*, 1888, p. 320.
(2) *Ibid.*, 1888, p. 408.

trois quarts, par exemple, a un intérêt évident à chercher à l'obtenir en entier et à prévenir ainsi un morcellement préjudiciable, et une licitation encore plus fâcheuse, puisqu'elle pourrait avoir pour conséquence de transformer la totalité de l'immeuble en son équivalent pécuniaire.

D'autre part, il vaut mieux laisser aux intéressés eux-mêmes qu'au juge l'initiative en pareille matière. Le partage d'attribution ne pourra pas ainsi être taxé d'œuvre arbitraire de ce dernier. Notons, d'ailleurs, que ces lois font régler le partage judiciaire par le juge de bailliage sommairement et par voie de juridiction non contentieuse.

105 *bis*. — Ces deux lois, avons-nous dit, sont abrogées depuis que l'empire d'Allemagne est doté d'un Code civil (1). L'article 752 C. civ. allemand, se référant à notre matière, est ainsi conçu : « La cessation de l'indivision s'opère par le partage en nature lorsque l'objet indivis, ou les objets, s'il y en a plusieurs, peuvent être divisés sans diminution de valeur en parties égales correspondantes aux parts des indivisaires. Le partage des parties égales entre les indivisaires se fait par la voie du sort. »

Nous retrouvons dans cet article la préoccupation du législateur allemand d'éviter un morcellement onéreux. Le partage en nature et son corollaire, le tirage au sort, sont admis lorsque, les droits des indivisaires étant égaux, une division de l'objet en parties égales peut s'opérer sans diminution de valeur.

(1) Art. 55. Loi d'introduction au Code civil, trad. Raoul de la Grasserie, 1897.

Mais cette disposition nous paraît conçue dans un esprit moins large que les lois spéciales abrogées. Nous n'y voyons plus reconnu expressément le droit des parties d'écarter le partage en nature « pourvu que leur opposition repose sur un motif sérieux et valable d'après les circonstances », les deux cas prévus par les lois de 1887 et de 1888 n'étant que des applications de ce droit.

D'autre part, lorsque les lots à former sont inégaux, le nouveau texte ne nous permet plus d'admettre en même temps qu'un partage en valeur un partage d'attribution. Il résulte, croyons-nous, des articles 752 et 753 du Code civil allemand que si l'objet ne peut se diviser en parties égales, la vente sur licitation s'impose. Ainsi, d'une part, liberté pour les parties intéressées de s'opposer au partage en nature, à la seule condition de présenter un motif sérieux et valable d'après les circonstances, d'autre part, possibilité d'un partage d'attribution, lorsque les opposants ont, dans l'indivision, des droits supérieurs à la moitié, telles sont les deux innovations que les lois allemandes de 1887 et de 1888 avaient consacrées et qui constituaient, à notre avis, un progrès sur le Code de 1804. Nous ne pensons pas que l'article 752 du nouveau Code civil allemand, en restreignant l'ampleur de cette réforme, y ait apporté une heureuse modification.

Le Code civil espagnol, promulgué le 24 juillet 1889 (1), renferme à cet égard une disposition intéressante à noter.

L'article 1061, à l'instar de l'article 832 C. civ. français, recommande « d'assurer autant que possible

(1) Trad. Levé, 1890.

l'égalité en faisant des lots et en assignant à chacun des cohéritiers des choses de même valeur, qualité et espèce ».

Puis l'article 1062 règle de la manière suivante le cas de partage d'une chose indivisible : « Lorsqu'une chose est indivisible, ou qu'elle perdrait beaucoup a être partagée, on pourra l'adjuger à un seul héritier, sauf à lui à tenir compte en argent de la différence.

Mais il suffira qu'un seul des héritiers le demande, pour qu'elle soit vendue en vente publique, avec admission d'adjudicataires étrangers. »

Ainsi le législateur espagnol admet, en cas d'impartageabilité, la licitation entre coïndivisaires seuls et permet ainsi d'écarter les tiers (1).

Cependant, il accorde très sagement à chaque héritier le droit de demander la vente publique. On comprend aisément, en effet, que l'intérêt commun des cohéritiers pourra leur conseiller de recourir à la vente publique avec admission d'adjudicataires étrangers, dans des cas où celle-ci, grâce à des circonstances favorables, promettra de faire atteindre au bien un prix très élevé.

La disposition relative aux partages d'ascendants mérite également d'être mentionnée.

Article 1056 : « Lorsque le testateur aura fait, par acte entre-vifs ou de dernière volonté, le partage des biens de sa succession, on l'acceptera en tant qu'il ne porte pas atteinte à la réserve des réservataires. »

Cette disposition reconnaît expressément au père de famille les pouvoirs les plus larges dans la distribution de ses biens entre ses enfants.

---

(1) Cf. art. 753, Code civ. allemand.

La seule restriction qui soit imposée à son autorité trouve sa cause dans le respect de la réserve.

Et le législateur, tenant à s'expliquer sur la portée pratique de l'institution, prévoit expressément, dans la suite de l'article, le cas le plus fréquent où le père de famille s'affranchira des règles étroites du partage en nature. « ..... Le père qui, dans l'intérêt de sa famille, désire conserver intacte une exploitation agricole, industrielle ou commerciale, pourra user de la faculté accordée par cet article, en presérivant de fournir en argent la réserve de ses autres enfants. »

Bien que le législateur français n'ait point parlé en termes aussi explicites, nous avons pensé, dans l'interprétation que nous avons donnée des articles 1075 et suivants C. civ. français, que le fondement de l'institution du partage d'ascendant commandait cette solution qui se trouve avoir obtenu l'approbation expresse du législateur espagnol.

L'article 2312 du Code civil allemand laisse aussi le père de famille libre, dans la distribution qu'il fait de ses biens, d'attribuer à un seul de ses enfants son domaine rural pour un prix d'estimation (1).

(1) Art. 2312 « Si d'après les dispositions du defunt, ou conformément à l'article 2049, l'un des héritiers doit avoir le droit de reprendre à la valeur de rendement un domaine rural appartenant à la masse, et s'il est fait usage de ce droit, la valeur de rendement sert également de règle pour le calcul de la réserve. » Cette disposition consacre aussi l'existence de l'höferecht, institution en vigueur dans la plupart des États allemands et qui consiste essentiellement à permettre au paysan cultivateur de remettre à son décès son exploitation agricole entière à l'un des enfants qu'il choisit comme le plus capable, sauf à celui-ci à payer à ses cohéritiers leurs parts en argent. — Voy. Raoul de la Grasserie, Code civ. allem., trad., introd., p. cxxv, et un article du même auteur, dans *Réf. soc.*, 16 octobre 1898, p. 587 et s.;

Enfin, nous devons une mention spéciale au Code civil du canton de Zurich de 1887, dont les dispositions relatives au partage témoignent de la préoccupation la plus vive de prévenir un morcellement excessif des immeubles. Il fixe un minimum de contenance au-dessous duquel une terre arable n'est plus considérée comme susceptible de partage, et doit être attribuée tout entière à l'un des cohéritiers, sauf récompense aux autres (1).

106. — On a demandé une réforme plus radicale en matière de composition des lots. Elle consisterait à écarter purement et simplement la notion du par-

- Claudio Jannet, *Le socialisme d'Etat et la réforme sociale*, p. 210 et s.

(1) Art. 960. — En général, les héritiers ont des droits égaux sur les objets dépendant de la succession, et peuvent, par conséquent, réclamer leur part en nature, en tant que les circonstances le comportent.

Art. 961. — En principe, une pièce de terre arable d'un seul tenant, de moins de quarante ares de superficie, est considérée comme n'étant pas susceptible de partage, à moins que tous les héritiers ne s'entendent pour la morceler, et elle doit être attribuée tout entière à l'un d'entre eux, sauf récompense aux autres.

De même, lors du partage de pièces de terre plus étendues, il y a lieu de veiller à ce que les parcelles d'un seul tenant n'aient pas moins de vingt ares.

Les vignobles peuvent être morcelés jusqu'à concurrence de cinq ares.

La présente disposition ne s'applique pas aux jardins, aux parcelles de terre connues sous le nom de Punten, et aux terrains à bâtir.

Art. 962. — S'il y a, par exception, des motifs pour pousser plus loin le morcellement d'une terre arable, le tribunal a le droit de l'autoriser, encore que tel des héritiers s'y oppose. (Trad. Lehr, 1890.)

tage en nature et à ne tenir compte dans le partage que de l'égalité en valeur.

« Ce n'est pas, dit M. le conseiller Pascaud, la nature, la quantité et la valeur combinées des meubles et immeubles qui, dans les successions ou donations-partages, doivent former la base rationnelle de la composition des lots.

« Qu'importe, en effet, que Pierre ait un lotissement en immeubles ou en argent provenant, soit directement de l'hérédité, soit d'une soulte que le premier aurait charge de payer au second ? Si l'estimation des biens immobiliers et mobiliers a été faite avec le soin requis, on arrivera au seul resultat serieux qu'il y ait à poursuivre en cette matière : à savoir que les deux lots évalués en numéraire aient une importance identique.

« L'argent est, en effet, le critérium d'appreciation le mieux qualifié et le plus couramment usité pour déterminer ce qu'est la valeur, dans le sens économique du mot, pour synthétiser dans un elément uniforme et perceptible pour tous les utilités diverses dont elle se compose. Nous admettrions donc que tout copartageant pourrait recevoir son lot, soit en nature, soit en argent, et il n'en résulterait aucun dommage pour les intéressés (1) ».

Ces lignes expliquent très bien pourquoi le père de famille peut attribuer tous ses immeubles à l'un de

(1) M. Pascaud, *Rev. crit.*, nov. 1899, p. 566 et s. — Ce sont de semblables idées qui paraissent avoir inspiré la rédaction de l'article 2305 du Code civil allemand qui autorise à parfaire la réserve en argent. « Lorsqu'on laisse une part de succession au réservataire, part inférieure à la moitié des droits *ab intestat*, le réservataire peut demander à son cohéritier, à titre de réserve, la valeur de ce qui manque pour parfaire cette moitié. »

ses enfants et lotir les autres en numéraire ou en valeurs mobilières sans porter atteinte aux droits de ces derniers. Elles justifient également, au point de vue de l'égalité qui doit régner entre copartageants, la faculté que l'on doit laisser aux juges dans le partage judiciaire d'écarter le partage en nature pour éviter le morcellement et la licitation.

Mais dans le cas où le partage de chaque nature de biens est possible, dans le cas où ne sont en jeu ni l'affectueuse prévoyance du père de famille, qui s'affranchit du partage en nature dans de sages combinaisons, ni l'intérêt commun des copartageants et de la société tout entière qui commande de le mettre de côté dans certaines circonstances, est-il absolument exact de dire qu'il importe peu que Pierre ait un lotissement en immeubles ou en argent ? Chaque copartageant peut avoir au contraire à obtenir sa part en nature un grand intérêt, inappréciable en argent, s'il s'agit de biens qui sont pour lui l'objet d'une affection particulière.

On est allé jusqu'à dire que « le partage qui ne donne à l'un des copartageants que l'équivalent en valeur de sa part indivise constitue en réalité une expropriation (1) ».

L'idée d'expropriation est théoriquement vraie, puisque le partage, toujours en théorie, ne fait que transformer les droits des copropriétaires sur une masse indivise en des droits divis sur chaque molécule de cette même masse, mais cette notion du partage est une de celles dont il faut se garder, en pratique, de déduire toutes les conséquences; car, en

(1) Bufnoir, *Bull. de la soc. de législ. comp.*, t. 1er, p. 132.

bonne logique, tout ce qui n'est pas strictement partagé en nature serait expropriation, et il faut avouer que le Code civil lui-même aurait fait un abus de l'expropriation.

Mais il n'en reste pas moins vrai, à notre sens, qu'il suffit que les copartageants aient quelque intérêt à obtenir leur part en nature, hors les cas spécifiés plus haut dans lesquels l'égalité en valeur se justifie, pour qu'on ne doive pas leur en imposer le simple équivalent pécuniaire.

Et c'est précisément à ce point de vue que l'équivalence absolue que l'on prétend établir entre meubles et immeubles, leur évaluation toujours possible en numéraire, leur conversion en une somme d'argent, ne peuvent pas être la règle suprême en matière de composition des lots dans le partage. Il est si vrai que la valeur argent n'est pas le seul élément dont on doive tenir compte ici que les lois et projets de lois que nous avons rapidement passés en revue ont précisément pour but de permettre, soit au père de famille, soit aux intéressés eux-mêmes, sous le contrôle du juge, d'attribuer soit des immeubles, soit des meubles aux copartageants, suivant leurs convenances respectives, ou dans l'intérêt commun de la famille et de la propriété.

L'évaluation en numéraire de ces deux catégories de biens permet sans doute d'obtenir ce résultat en composant un lot d'immeubles, un autre de valeurs mobilières ; mais l'on voit ainsi que l'idée d'égalité en valeur est subordonnée aux convenances et aux intérêts des parties. La première n'est que le moyen de réaliser la fin résidant précisément dans cette seconde idée.

107. — Les conclusions qui se dégagent de cette étude peuvent se résumer en quelques mots : En premier lieu, un examen attentif des articles 826, 827 et 832 du Code civil, nous a convaincu que la pratique et la jurisprudence les ont fréquemment détournés de leur vraie signification, ou plutôt les ont mutilés en n'en faisant qu'une application incomplète. Le reproche qu'on a adressé au partage en nature d'être trop rigoureux et d'engendrer de graves inconvénients atteint par conséquent plus cette pratique et cette jurisprudence que la loi elle-même.

Et cette observation est surtout vraie en ce qui concerne le partage d'ascendant qui a été soustrait par le législateur, à raison même de son but et de son utilité fondamentale, à l'application de nos articles du partage. Mais peu à peu la jurisprudence, se pliant aux légitimes nécessités de la pratique, se départ de sa rigueur, et arrive, en somme, à consacrer des résultats que justifie notre thèse de l'inapplicabilité de ces dispositions aux partages d'ascendants.

Ce qui a provoqué nos critiques dans le système de la loi, c'est surtout l'obligation du partage judiciaire avec tirage au sort des lots dans des cas où il nous a semblé ne pas servir efficacement les intérêts qu'il est destiné à protéger.

Mais nous n'avons pu qu'effleurer cette question qui comporterait une étude spéciale. Nous ne l'avons touchée et indiqué sur ce point les défauts de la loi que pour confirmer notre thèse. Celle-ci se proposait simplement de déterminer aussi exactement que possible le sens de certaines dispositions du Code civil qui ont soulevé des critiques, méritées surtout par une pratique vicieuse et une jurisprudence erronée. Puisse notre desein n'avoir pas complètement échoué.

Vu :
P. LOUIS-LUCAS.

Vu :
Le Doyen de la Faculté de Droit de l'Université de Dijon.
E. BAILLY.

Vu et permis d'imprimer :
Dijon, le 23 mai 1900.
Le Recteur de l'Académie, Président du Conseil de l'Université.
Ch. ADAM,
Correspondant de l'Institut.

TABLE DES MATIÈRES

Dijon, imp. Jacquot et Floret.

www.ingramcontent.com/pod-product-compliance
Ingram Content Group UK Ltd.
Pitfield, Milton Keynes, MK11 3LW, UK
UKHW021142260726
13994UKWH00001B/264

9 782329 427089